AUTORES:

JOSÉ MARÍA CAÑIZARES MÁRQUEZ
CARMEN CARBONERO CELIS

## COLECCIÓN OPOSICIONES MAGISTERIO: EDUCACIÓN FÍSICA

EL DESARROLLO DE LAS HABILIDADES. PRINCIPIOS FUNDAMENTALES DEL ENTRENAMIENTO:
ADECUACIÓN DEL ENTRENAMIENTO EN LA ACTIVIDAD FÍSICA EN LOS CICLOS DE EDUCACIÓN PRIMARIA.
(VOLUMEN 18)

WANCEULEN
EDITORIAL DEPORTIVA

COLECCIÓN OPOSICIONES MAGISTERIO: EDUCACIÓN FÍSICA

VOLUMEN 18.

## EL DESARROLLO DE LAS HABILIDADES. PRINCIPIOS FUNDAMENTALES DEL ENTRENAMIENTO. ADECUACIÓN DEL ENTRENAMIENTO EN LA ACTIVIDAD FÍSICA EN LOS CICLOS DE EDUCACIÓN PRIMARIA.

**AUTORES**

**José Mª Cañizares Márquez**

- Catedrático de Educación Física
- Tutor del Módulo del Practicum del Master de Secundaria
- Especialista en preparación de opositores
- Autor de numerosas obras sobre Educación y Preparación Física

**Carmen Carbonero Celis**

- D. E. A. en Instituciones Educativas
- Licenciada en Pedagogía
- Maestra de Primaria y Secundaria en centros de Educación Compensatoria
- Didacta presencial del Módulo de Pedagogía General en el CAP
- Profesora de Pedagogía Terapéutica en Centro Educación Primaria

**Título:** EL DESARROLLO DE LAS HABILIDADES. PRINCIPIOS FUNDAMENTALES DEL ENTRENAMIENTO. ADECUACIÓN DEL ENTRENAMIENTO EN LA ACTIVIDAD FÍSICA EN LOS CICLOS DE EDUCACIÓN PRIMARIA.

**Autores:** José Mª Cañizares Márquez y Carmen Carbonero Celis
**Editorial:** WANCEULEN EDITORIAL DEPORTIVA, S.L.

C/ Cristo del Desamparo y Abandono, 56   41006 SEVILLA

**Dirección web:** www.wanceulen.com

**I.S.B.N.:** 978-84-9993-489-1

**Dep. Legal:**

© Copyright: WANCEULEN EDITORIAL DEPORTIVA, S.L.

**Primera Edición:**   Año 2016

**Impreso en España:**

---

Reservados todos los derechos. Queda prohibido reproducir, almacenar en sistemas de recuperación de la información y transmitir parte alguna de esta publicación, cualquiera que sea el medio empleado (electrónico, mecánico, fotocopia, impresión, grabación, etc), sin el permiso de los titulares de los derechos de propiedad intelectual. Cualquier forma de reproducción, distribución, comunicación pública o transformación de esta obra solo puede ser realizada con la autorización de sus titulares, salvo excepción prevista por la ley. Diríjase a CEDRO (Centro Español de Derechos Reprográficos, www.cedro.org) si necesita fotocopiar o escanear algún fragmento de esta obra.

# ÍNDICE

Presentación de la Colección.

Introducción

1. ASPECTOS COMUNES A TENER EN CUENTA EN EL EXAMEN ESCRITO.

    1.1. Criterios de corrección y evaluación que siguen los tribunales.
    1.2. Consejos sobre cómo estudiar los temas. Estrategias.
    1.3. Recomendaciones para la realización del examen escrito. Estrategias.
    1.4. Modelo estandarizado de presentación de examen escrito.
    1.5. Partes estándares a todos los temas.

2. EL DESARROLLO DE LAS HABILIDADES. PRINCIPIOS FUNDAMENTALES DEL ENTRENAMIENTO. ADECUACIÓN DEL ENTRENAMIENTO EN LA ACTIVIDAD FÍSICA EN LOS CICLOS DE EDUCACIÓN PRIMARIA.

# COLECCIÓN OPOSICIONES DE MAGISTERIO. ESPECIALIDAD DE EDUCACIÓN FÍSICA

## PRESENTACIÓN DE LA COLECCIÓN

Los autores, con muchos años de experiencia en la preparación de oposiciones, hemos plasmado en esta Colección multitud de argumentos y detalles con la finalidad de que cada persona interesada en acceder a la función pública conozca minuciosamente todos los pormenores de la preparación.

La Colección está compuesta por una treintena de volúmenes, de los que veinticinco están dedicados a otros tantos capítulos del temario, y los cinco restantes a cómo hacer y exponer oralmente la programación didáctica y las UU. DD., así como a resolver el examen práctico escrito.

Los destinados a los temas llevan incorporados unos aspectos comunes previos sobre cómo hay que estudiarlos y consejos acerca de cómo realizar el ejercicio escrito.

Los aplicados al examen oral: defensa de la programación y exposición de las U.D.I., también llevan un capítulo referente a cómo es mejor hacer la expresión verbal, el mensaje expresivo, el esquema en la pizarra, etc.

Es decir, los autores no nos hemos ceñido a publicar un temario para las dos pruebas escritas (tema y casos prácticos) y las dos orales (programación y unidades). Hemos querido hacer partícipe de las técnicas que hemos seguido estos años y que tan buen resultado nos han dado, sobre todo a quienes sacaron plaza merced a su propio esfuerzo. No obstante, debemos destacar un aspecto capital: ratio del tribunal, es decir, ¿con cuántos opositores me tengo que "pelear" para conseguir la plaza?

Ya podemos ir perfectamente preparados, que si un tribunal tiene dos plazas para dar y hay diez opositores con un diez... la suerte de tener una décima más o menos en la fase de concurso nos dará o quitará la plaza.

Por otro lado, es conocido que desde hace año en España tenemos diecisiete "leyes de educación", es decir, una por autonomía, además de la que es común para todos y que, como las autonómicas, depende del partido político que gobierne en ese momento. No podemos obviar que la Educación y todo lo que le rodea -incluidos opositores- es un aspecto más de la política, si bien entendemos debería ser justo lo contrario. La formación de nuestros hijos no debe estar en función de unas siglas de unos partidos políticos, porque cuando uno consigue el poder, elimina por sistema lo hecho por el anterior, esté mejor o peor. Ejemplos, por desgracia, hay muchos desde la LOGSE/1990. Así pues, abogamos por un Pacto Educativo que incluya, lógicamente, a opositores y al Sistema de Acceso a la Docencia.

Esto trae consigo que, forzosamente, debamos basarnos en una línea de elementos legislativos. En nuestro caso, además de la nacional, nos remitimos a la de Andalucía. Por ello, las personas opositoras que nos lean deberán adecuar las citas legislativas autonómicas que hagamos a las de la comunidad/es donde acuda a presentarse a las oposiciones docentes.

Para cualquier información corta, los autores estamos a disposición de las personas lectoras en:

oposicionedfisica@gmail.com

## INTRODUCCIÓN

Este volumen tiene dos partes claramente diferenciadas:

a) Por un lado tratamos diversos aspectos comunes a todos los temas escritos. Es decir, nos centramos en cómo hay que estudiarlos a partir de los propios criterios de valoración del examen que indica la Consejería de Educación de la Junta de Andalucía, y que suelen ser similares a los de otras autonomías. También incluimos los criterios de otras comunidades, pero no de todas porque se nos haría interminable.

Esta parte también incluye una serie de consejos acerca de cómo estudiar los temas, cuestión que no es baladí porque el opositor está muy limitado por el tiempo disponible para realizarlo.

Esto nos lleva a siguiente punto, el "perfil" de cada opositor, su capacidad grafomotriz muy a tener en cuenta para que en el tiempo dado seamos capaces de tratar el tema elegido con una estructura adecuada a los criterios de evaluación que el tribunal va a usar en la corrección.

Es muy corriente el comentario de "mientras más sepas, más nota sacas y más posibilidades de obtener plaza tienes". Esto trae consigo, en muchas ocasiones, que el opositor se encuentre con "montañas de papeles" sin estructurar, sin saber si un documento reitera lo de otro, sin dominar la capacidad de síntesis ante tanto volumen de definiciones, clasificaciones, teorías, opiniones, etc.

La realidad es muy distinta. El opositor debe llevar preparado al menos veinticuatro documentos (para tener el 100% de que le va a salir en el sorteo un tema estudiado concienzudamente), con la información muy exacta de lo que le da tiempo a escribir correctamente desde todos los puntos: científico, legislativo, autores, estructura del propio examen, sintaxis, ortografía, etc.

Muchas veces nos han preguntado por el conocimiento de los tribunales, si están al día, etc. Nuestra respuesta ha sido siempre la misma: "sabrán más o menos de cada uno de los veinticinco temas, lo leerán con más o menos detenimiento, pero seguro que lo que más saben es corregir escritos porque lo hacen a diario en sus aulas, de ahí que debamos prestar la máxima atención a estos aspectos formales". Para ello añadimos al final una hoja-tipo.

Completamos este primer capítulo con una tabla de planificación semanal que debemos hacer desde un principio para "obligarnos" y seguirla con disciplina espartana, si de verdad queremos tener éxito.

b) Por otro, el Tema 18 totalmente actualizado a fecha de hoy. La persona opositora debe, una vez conozca el volumen de contenidos que es capaz de escribir, hacer un resumen equitativo de cada punto y "cuadrarlo" a su capacidad grafomotriz. A partir de aquí, a estudiarlo... pero escribiéndolo ya que la nota nos la van a poner por lo que escribamos y cómo expresemos esos contenidos. Pero, si en la comunidad donde nos examinemos, el escrito hay que leerlo al tribunal, de nuevo lo haremos, cuanto antes mejor, para ensayar la lectura y que determinadas palabras no se nos "atraganten".

## CRITERIOS DE CORRECCIÓN Y EVALUACIÓN QUE SIGUEN LOS TRIBUNALES

Consideramos imprescindible saber **previamente** cómo nos va a evaluar el Tribunal para realizar el examen con respecto a los ítem que va a tener en cuenta. Aportamos varios **modelos** que han transcendido y que, básicamente, se diferencian en la **formulación** de las consideraciones y en su valoración, no en el **fondo**.

### CRITERIOS DE EVALUACIÓN EN ANDALUCÍA.

La Consejería de Educación de la Junta de Andalucía informa a los sindicatos, en mayo de 2007, sobre un "borrador" de criterios de evaluación para el "Concurso Oposición al Cuerpo de Maestros 2007". Posteriormente, como pudimos comprobar esa convocatoria y las siguientes, estos criterios se hicieron "firmes".

Transcribimos literalmente los cinco puntos a considerar sobre el tema escrito:

CRITERIOS GENERALES TEMA ESCRITO

**Estructura del tema**.

a) Presenta un índice.
b) Justifica la importancia del tema.
c) Hace una introducción del mismo.
d) Expone sus repercusiones en el currículum y en el sistema educativo.
e) Elabora una conclusión acorde con el planteamiento del tema.

**Contenidos específicos**.

a) Adapta los contenidos al tema.
b) Secuencia de manera lógica y clara sus apartados.
c) Argumenta los contenidos.
d) Profundiza en los mismos.
e) Hace referencia al contexto escolar.

**Expresión**.

a) Muestra fluidez en la redacción.
b) Hace un uso correcto del lenguaje, con una buena construcción semántica.
c) Emplea de forma adecuada el lenguaje técnico.

**Presentación**.

a) Presenta el escrito con limpieza y claridad.
b) Utiliza un formato adecuado teniendo en cuenta el apartado 4 del artículo 7.4.1. de la Orden de 24 de marzo de 2007, BOJA nº 60 del 26/03/2007.
Nota: Se refiere a aspectos formales tales como no firmar el examen, entregarlo en un sobre con etiquetas, etc.

**Bibliografía/Documentación**.

a) Fundamenta los contenidos con autores o bibliografía.
b) Sitúa el tema en el marco legislativo pertinente.

La Consejería de Educación de la Junta de Andalucía informa a los sindicatos, en **junio de 2015**, sobre los criterios de evaluación para el "Concurso Oposición al Cuerpo de Maestros 2015". Transcribimos literalmente los cuatro puntos a considerar sobre el tema escrito:

## CRITERIOS GENERALES A TENER EN CUENTA EN LA CORRECCIÓN DEL TEMA ESCRITO (JUNIO 2015).

**1. Estructura del tema.**

a) Secuencia de manera lógica y clara cada uno de los apartados del tema
b) Expone con claridad

**2. Contenidos.**

a) Argumenta y justifica científicamente los contenidos
b) Conoce y tarta con profundidad el tema
c) Realiza una transposición didáctica de la teoría expuesta a la práctica
d) Fundamenta los contenidos con autores y bibliografía que realmente hagan referencia al contenido en cuestión, así como a la normativa vigente

**3. Expresión.**

a) Redacta con fluidez
b) Usa correctamente el lenguaje y presenta una adecuada construcción sintáctica
c) Usa con propiedad el lenguaje técnico específico de la especialidad
d) No se aprecian divagaciones, reiteraciones, etc.

**4. Presentación.**

a) El ejercicio es legible: no hay que estar deduciendo qué quiere decir ni traduciendo el texto
b) Se observa limpieza y claridad en el ejercicio
c) Usa un formato adecuado

## CRITERIOS GENERALES A TENER EN CUENTA EN LA CORRECCIÓN DEL TEMA ESCRITO
### (Comunidad de Castilla-La Mancha)

Los criterios de evaluación del tema escrito (Comunidad de Castilla-La Mancha), que tuvieron los tribunales en cuenta en la convocatoria de 2007 y que fueron establecidos por la Comisión de Selección de la Especialidad de Educación Física, son:

| CRITERIOS PARA EVALUAR EL TEMA ESCRITO. PARTE "A" | Puntuación |
|---|---|
| 1.- Introducción, justificación, índice y mapa conceptual. | (MÁXIMO 1,5 puntos) |
| 2.- Contenidos específicos | |
| 2.1.- Trata todos los epígrafes del tema. 2.2.- Adecuación de los contenidos al tema. Los contenidos se ajustan al tema. 2.3.- Profundización de los mismos. 2.4.- Organización lógica y clara en cada punto. Atendiendo al índice. 2.5.- Argumentación de los contenidos. 2.6.- Referencia al contexto escolar. 2.7.- Relaciona con otros temas del currículum. 2.8.- Originalidad y creatividad en el tema. | (MÁXIMO 6,5 puntos) |
| 3.- Bibliografía | |
| 3.1.- Bibliografía específica del tema. Cita autores y hace referencias bibliográficas. 3.2.- Aspectos legislativos. Hace referencia a la legislación nacional y autonómica. | (MÁXIMO 0,75 puntos) |
| 4.- Conclusión y valoración personal | (MÁXIMO 0,75 puntos) |
| 5.- Aspectos formales. Presentación, estructura, organización, uso de vocabulario técnico. | (MÁXIMO 0,5 puntos) |
| 6.- Errores | |
| a. Divagaciones b. Faltas de ortografía c. Errores garrafales | SE VALORARÁ NEGATIVAMENTE POR PARTE DEL TRIBUNAL |
| Total | 10 Puntos. |

## OTROS CRITERIOS GENERALES A TENER EN CUENTA EN LA CORRECCIÓN DEL TEMA ESCRITO

Otros tribunales siguieron unos criterios de evaluación del examen escrito como los que ahora reflejamos:

| | | CRITERIOS PARA EVALUAR EL TEMA ESCRITO | |
|---|---|---|---|
| 1 | | Introducción, índice y mapa conceptual | Máximo 1 punto |
| 2 | | Nivel de contenidos | Máximo 5 puntos |
| | 2.1. | Trata todos los epígrafes del tema | |
| | 2.2. | Los contenidos se ajustan al temario | |
| | 2.3. | Relaciona con otros temas del curriculum | |
| | 2.4. | Hace referencia a la legislación nacional y autonómica | |
| | 2.5. | Cita autores y/o referencias bibliográficas | |
| 3 | | Aspectos formales: presentación, estructura, organización, vocabulario y ortografía | Máximo 3 puntos |
| 4 | | Conclusión, valoración personal y bibliografía | Máximo 1 punto |

Esta tabla tuvo su origen en la Convocatoria de Castilla La Mancha hace unos años. Sus criterios siguen vigentes.

| Cuadro resumen de los Criterios de Evaluación | Temas A |
|---|---|
| **1.- Contenidos específicos**<br>   a. Adecuación de los contenidos al tema.<br>   b. Profundización de los mismos.<br>   c. Organización lógica y clara en cada punto (Índice).<br>   d. Argumentación de los contenidos.<br>   e. Referencia al contexto escolar.<br>   f. Originalidad y creatividad en el tema. | 2,75 puntos |
| **2.- Introducción y conclusión**<br>   a. Justificación de la importancia del tema.<br>   b. Repercusiones en nuestra área y en el Sistema Educativo.<br>   c. Buena introducción del tema.<br>   d. Conclusión. | 0,5 puntos |
| **3.- Expresión**<br>   a. Fluidez del discurso.<br>   b. Buena redacción, sin errores sintácticos, redundancias...<br>   c. Uso del lenguaje técnico. | 1 puntos |
| **4.- Presentación**<br>   a. Limpieza y claridad.<br>   b. Formato con variedad de recursos (gráficos, sangrías, diferenciación entre títulos, subtítulos, contenidos, esquema, etc.) | 0,5 puntos |
| **5.-Bibliografía**<br>   a. Bibliografía específica del tema.<br>   b. Aspectos legislativos. | 0,25 puntos |
| **Penalizaciones**<br>   a. Divagaciones<br>   b. Faltas de ortografía<br>   c. Errores garrafales | A restar según criterio del propio tribunal |
| **Totales** | 5 Ptos. |

En **2013**, la Convocatoria de Primaria en **Castilla-La Mancha** incluían estos **criterios**:

| PARTE 1B<br>*DESARROLLO DE UN TEMA DE LA ESPECIALIDAD* | PESO ESPECÍFICO |
|---|---|
| 1. Estructurar el tema de forma coherente, secuenciada, justificada y equitativa con todos los apartados. | 25% |
| 2. En relación a los contenidos desarrollados, responder al tema planteado, adaptándose al currículum, con aportaciones teórico-prácticas, siendo funcional para la práctica docente. | 40% |
| 3. Ser original y creativo en el desarrollo del tema, estableciendo conexiones con otros contenidos del currículum, con aportaciones personales fundamentadas que revelan la creación propia e inédita del mismo. | 15% |
| 4. El tema será afín a unas bases teóricas, a una fundamentación científica de la que parte el currículum, al tiempo que aporta ideas nuevas. | 5% |
| 5. Mostrar una lectura fluida y comprensible, con una actitud transmisora y un desarrollo expositivo que se ciñan al tema. | 15% |

En la Convocatoria de **Secundaria** de **Andalucía** de **2016**, los criterios o "indicadores" a tener en cuenta por los tribunales para el examen escrito, son:

**INDICADORES**

• ESTRUCTURA DEL TEMA:

- Índice (adecuado al título del tema y bien estructurado y secuenciado).
- Introducción (justificación e importancia del tema).
- Desarrollo de todos los apartados recogidos en el título e índice.
- Conclusión (síntesis, donde se relacionan todos los apartados del tema).
- Bibliografía (cita fuentes diversas, actualizadas y fidedignas).

• EXPRESIÓN Y PRESENTACIÓN:

- Fluidez en redacción, adecuada expresión escrita: ortografía y gramática.
- Riqueza y corrección léxica y gramatical (IDIOMAS).
- Limpieza y claridad.

• CONTENIDOS ESPECÍFICOS DEL TEMA:

- Nivel de profundización y actualización de los contenidos.
- Valoración o juicio crítico y fundamentado de los contenidos.
- Ilustra los contenidos con ejemplos, esquemas, gráficos...
- Secuencia lógica y ordenada.
- Uso correcto y actualizado del lenguaje técnico.

## CONSEJOS SOBRE CÓMO ESTUDIAR LOS TEMAS. ESTRATEGIAS.

Exponemos una serie de consejos que solemos dar a nuestros opositores:

- Cada uno tiene un "método" que ha experimentado durante su vida de estudiante, sobre todo a nivel universitario, de ahí que nuestra influencia sea relativa. No obstante, muchos nos reconocen que *"nunca hemos estudiado en profundidad hasta comenzar a prepararnos las oposiciones"*.

- Reconocemos que hay **múltiples** formas de estudio. Hemos tenido opositores que necesitaban estar tumbados, otros sentados y en total silencio, otros tenían que tener forzosamente una tenue música de fondo, etc. Es decir, existen muchas maneras con más o menos **dependencia/independencia de campo**.

- Unos precisan **luz** natural, otros luz blanca o azul, con flexo cercano o con la de la lámpara del techo…

- Hay quien prefiere estudiar a base de **resúmenes** hechos en un procesador de textos y otros, en cambio, tenían que estar a mano.

- Muchos prefieren **grabar** verbalmente los contenidos para reproducirlos cuando viaja, corre, nada o anda y así aprovechar estos "tiempos muertos".

- Otros requieren **gráficos** y mapas conceptuales. Incluso, hemos tenido los que preferían hacer un póster-esquema y colgarlo a la pared para leerlo de pie…

- Otro grupo lo conforman aquellos que prefieren subrayar o señalar los puntos clave con rotulador marcador tipo fluorescente, otros a lápiz... Eso sí, lo señalado debe tener encadenamiento o cohesión interna para verterlo, ya redactado, en el examen, de ahí que **debamos estudiar escribiendo**, porque el examen escrito trata de ello.

- Debemos usar bolígrafos de gel por ser más rápidos en su trazo y papel tamaño A4, que es el que nos van a proporcionar el día del examen. Ojo a los tipos de **bolígrafos permitidos** por los tribunales, debemos estar muy atentos a lo que nos dicen el día de la **presentación**. Independientemente de ello, debemos acostumbrarnos a poner el folio directamente sobre la superficie dura de la mesa, ya que así la velocidad de escritura es superior que si lo situamos encima de otros folios porque éstos hacen que el espacio de apoyo nos frene por ser más blando. Un **reloj** para controlarnos los tiempos es imprescindible también.

- En cualquier caso, no sería bueno estudiar más de dos horas seguidas, sobre todo si estamos sentados. Ello, normalmente, acarrea contracturas dorso-lumbares, en los miembros inferiores, etc. con el consiguiente dolor y molestia. Lo mismo podemos decir a nivel de nuestra visión.

- Realizar **actividad física o deportiva** varias veces a la semana es muy aconsejable por simple razón de compensación y revitalización personal.

- Es bueno, pues, cada dos horas aproximadamente, hacer un **alto horario** de 8-10 minutos para despejarnos mentalmente y estirarnos físicamente. Beber **agua** y la ingesta de **fruta** suele ser positivo. Esto es extensible al día del examen de la oposición.

- No obstante, si la convocatoria nos dice que el escrito durará más de este tiempo, debemos paulatinamente aumentar las dos horas hasta llegar al **tope** marcado.

- Siempre recomendamos realizar una **planificación** semanal personalizada, que regule nuestro **tiempo** destinado al estudio (avance y repaso de los temas del escrito, casos prácticos, exposición oral), al trabajo, deporte, ocio, obligaciones familiares, etc. Ver tabla/ejemplo en la página siguiente.

- **¿Cuánto tiempo dedicar al estudio?** No podemos dar "recetas" pues depende del nivel previo de cada opositor. Hay quien trae excelentes aprendizajes previos de la carrera y hay quien ese nivel lo trae demasiado básico. Otros ya tienen experiencias en oposiciones, etc. Así pues cada uno debe auto regularse en función de sus capacidades y sus circunstancias personales. Genéricamente podemos indicar que, al menos, 4-6 horas/día divididas por un descanso de 10-15 minutos puede ser un estándar adecuado. A partir de ahí, personalizar en función del avance o no obtenido.

- Siempre debemos tener un "**molde personal**" en función de la capacidad grafomotriz, habida cuenta el **ahorro** de tiempo y energía que nos supone seguir esta estrategia.

- De cualquier forma, debemos respetar el dicho popular "*lo que no se recuerda, no se sabe*", de ahí **memorizar comprensivamente** lo más significativo.

- La **memoria**, al igual que ocurre con la condición física, se mejora ejercitándola con frecuencia.

- Tan importante es memorizar un tema nuevo como no olvidar los ya aprendidos, por lo que es necesario **consolidar**, repasando, lo estudiado. Comprobar que dominamos temas anteriores mejora nuestra capacidad de auto concepto.

- De ahí la importancia de estudiar teniendo delante nuestro **resumen personalizado** y olvidarnos de aumentar los contenidos del tema porque, además de crearnos inquietudes, posiblemente no podamos reflejar todo lo que sabemos en el tiempo que tenemos de examen.

Mostramos en el siguiente **gráfico** un claro y rápido ejemplo de cómo auto planificarse el estudio durante la semana a partir de tres **módulos** diarios:

## EJEMPLO DE PLANIFICACIÓN SEMANAL-TIPO
Combinación de estudio-repaso-programación-UU.DD.-prácticos-trabajo profesional-descanso

| LUNES MAÑANA | MARTES MAÑANA | MIÉRCOLES MAÑANA | JUEVES MAÑANA | VIERNES MAÑANA | SÁBADO MAÑANA | DOMINGO MAÑANA |
|---|---|---|---|---|---|---|
| TRABAJO | Estudio tema nuevo semana | TRABAJO | Repaso tema nuevo | TRABAJO | Casos Prácticos | Libre |
| TRABAJO | Estudio tema nuevo semana | TRABAJO | Programación | TRABAJO | Casos Prácticos | Libre |
| **TARDE** | **TARDE** | **TARDE** | **TARDE** | **TARDE** | **TARDE** | **TARDE** |
| Estudio tema nuevo semana | Programación | Repaso temas anteriores | UU. DD.-U.D.I. | Sesión de clase con preparador | Repaso temas anteriores | Repaso temas anteriores |

## RECOMENDACIONES PARA LA REALIZACIÓN DEL EXAMEN ESCRITO. ESTRATEGIAS.

NOTA: Muchos de los consejos que ahora damos, sobre todo los relacionados con la presentación, escritura, etc. son también aplicables a la realización por escrito de los casos prácticos, si los hubiera.

En las convocatorias anteriores se ha comprobado que la mayoría de aprobados en el examen escrito tenían **buena letra**, además de contenidos notables. Efectivamente, entre los criterios de evaluación que utilizan los tribunales hay algunos puntos destinados a la **presentación** que no podemos desechar. Incluso, si la Orden de la Convocatoria indica que el opositor deberá **leer** su propio **examen** ante el tribunal, éste suele comprobar posteriormente su estructura, sintaxis, ortografía, etc.

**No llegar a tiempo** a los llamamientos supone la primera **precaución** a tomar. En ocasiones, las instalaciones donde se celebran las oposiciones se ven saturadas desde varios kilómetros antes de llegar. A ello hay que sumar el tiempo para aparcar, buscar el aula asignada, etc. **Llegar tarde** puede suponer la **no presentación** y la consiguiente **eliminación**.

Gracias a las observaciones hechas por los tribunales de años anteriores y por los criterios de evaluación que han transcendido, estamos en disposición de apuntar una serie de anotaciones a considerar por las personas opositoras durante su periodo de preparación con nosotros. Habitualmente los tribunales reservan parte de la nota total para los **aspectos "formales"** del examen, que ahora comentamos. Esto es de vital importancia porque dos opositores con igual cantidad y calidad de contenidos, sacará mejor nota quien mejor lo presente. Ante ello, reservar algunos minutos para poder **revisar** el examen antes de entregarlo, teniendo en cuenta lo siguiente:

- Nadie aprueba con **mala letra**. Igual decimos de la presentación y limpieza.
- Esto lo hacemos extensivo a las faltas de **ortografía**, acentuación, mala **sintaxis**, incorrecciones **semánticas**, **expresión** y **redacción**, **vulgarismos**, **repetir la misma palabra** continuadamente, **tachones**, suciedad, etc. No podemos "escribir igual que hablamos". También, no poner el número del tema elegido o su título. Otro error habitual es el mal uso de los puntos, bien seguido, bien aparte.
- Debemos escribir por **una carilla** -al menos que el tribunal indique otra cosa- con letra más bien grande para facilitar su lectura. No poner detalles como "no recuerdo..."; "creo que..."; "no me da tiempo..."; "me parece que es...".
- La **media** de **folios** (carillas o páginas) que suelen hacer nuestros preparados están entre **14 y 16**, con **17-22 renglones** cada una (20 lo habitual) y **9 palabras/renglón,** teniendo en consideración unos **márgenes laterales** y **superior e inferior** de 2 a 2'5 centímetros. No obstante, conforme avanza la preparación y la habilidad para escribir este tipo de examen, hay quien aumenta el volumen de páginas de manera significativa, pero siempre manteniendo y respetando los criterios de evaluación que suelen tener los tribunales: letra, limpieza, construcción semántica, ortografía, etc. Si preferimos escribirlo en un procesador de textos, como puede ser "Word", el número de palabras suele estar alrededor de las 2400-2700, aproximadamente.
- Los **renglones** deben ser **paralelos** y siempre con el mismo **interlineado**. En caso de tener problemas para hacerlo, podemos llevarnos una **plantilla** ya hecha, como una hoja tamaño folio de cuaderno de rayas, o bien hacerla allí

mismo con lápiz y regla. Si tampoco pudiese ser (a veces los tribunales han hecho especial hincapié en "no entrar con plantilla, regla, etc."), nos esmeraríamos en la realización de la primera página, aunque tardásemos más tiempo, y ésta nos serviría como "falsilla" o planilla de renglones. Otro "**truco**" es hacerla a partir del **DNI** al que previamente le hemos hecho unas señales minúsculas con la anchura que deseamos. Éste nos sustituiría a la regla.

- No se puede ser "loco o loca" escribiendo. Para ello es importante el **entrenamiento** durante el periodo de preparación. De ahí surge la **automatización** de todos estos aspectos, además del sangrado, márgenes, etc. No poner abreviaturas.
- Por otro lado debemos **numerar** las hojas, incluso algunos lo hacen poniendo "1 de 15; 2 de 15...".
- La utilización de **dos colores** de tinta **no** suele estar **permitido**, como tampoco subrayados para señalizar los títulos, epígrafes, ideas fundamentales, etc., al menos que el tribunal exprese lo contrario. En todo caso, **preguntar** al tribunal antes de empezar si es posible su uso, así como de tippex. También si se pueden poner gráficos, flechas, tablas, etc., si el tribunal lo permite, pero la Orden de la Convocatoria suele prohibirlo por considerarlo posible "**señal**". Un **bolígrafo** tipo **gel** y apoyarnos sobre un **superficie dura** para que éste se deslice mejor, nos permite mayor velocidad de escritura manteniendo su calidad. Quienes suelen hacer tachaduras, previendo que no les dejen usar tippex, pueden optar por un **bolígrafo borrable por fricción** (marca Pilot o similar) que elimina cualquier rastro de su propia tinta. No obstante, determinados "bolígrafos rápidos" que se basan en tinta tipo gel, suelen ser peor para opositores **zurdos**, por razones obvias. Recordamos la necesidad de seguir exactamente las **instrucciones** que nos dé el tribunal al respecto, habida cuenta tenemos experiencias sobre la **anulación** de exámenes por el uso de este tipo de herramienta de escritura.
- No olvidemos que la mayoría de los títulos de los temas tienen tres puntos, por lo que debemos **dividir** la totalidad de materia que escribamos en tres partes similares. De esa forma, evitamos exponer mucho contenido de una parte en perjuicio de otra. Así pues, normalmente haremos tres puntos con varios sub-puntos cada uno buscando la conexión entre los mismos. Además, pondremos el **índice** al principio, tras el título, **introducción**, **conclusiones**, **bibliografía** - que incluye la legislación- y webgrafía. En **resumen**, queda muy bien, limpio y "amplio", la estructuración del examen de esta manera:

    - **Título** del Tema. 1ª página. Mayúsculas y en una única página.
    - **Índice**. 2ª página. En una sola página.
    - **Introducción**. 3ª y 4ª página. Debe tener cierta peculiaridad con objeto de atraer la curiosidad del corrector. Nombrar los descriptores del título y en cada uno dar una o dos referencias del mismo. Podemos "presentarlo" a través de su importancia en el currículo y citar sus referencias legislativas. Usar, preferentemente, dos páginas.
    - **Apartados o descriptores** y los sub-apartados. 5ª página. Es el eje alrededor del cual gira la nota relativa a los contenidos. Incluye definiciones, clasificaciones, teorías, líneas metodológicas, referencias curriculares, aplicaciones prácticas, actividades, etc., todo ello citando a autores y normativa que luego quedarán reflejados en la bibliografía, pero con una redacción técnica. En cualquier caso debemos marcar claramente cuándo finalizamos el primer punto y comenzamos el siguiente. Si somos "olvidadizos", podemos dejar un interlineado relativamente amplio por si nos acordamos después de algún detalle olvidado y deseamos incorporarlo sin tachones.

- **Conclusiones**. Lo más notable que hemos tratado, los puntos clave. Al ser lo último que el corrector lee, deben estar muy cuidadas porque puede influir decisivamente en la nota.
- **Bibliografía**. Reseñar algún libro "comodín" y de los autores nombrados anteriormente. También la legislación significada.
- **Webgrafía**. Alguna general, como revistas digitales, o específica.

En cualquier caso, es **imprescindible** conocer los **criterios de evaluación** que van a seguir los tribunales, máxime si son públicos, como viene ocurriendo en varias comunidades autónomas, y en Andalucía de forma más concreta, tal y como hemos citado en el capítulos anteriores. Debemos, pues, hacer caso de ellos y citar o desarrollar todos los **aspectos** que los criterios mencionan.

Precisamente, el tiempo no lo podemos "regalar" ni despreciar, por lo que si terminamos el examen y aún quedan cinco o diez minutos, debemos **repasar** lo escrito por si se nos ha olvidado algo relevante o no hemos puesto la debida atención a las faltas gramaticales, sesgos sexistas, escritura con "códigos SMS", etc. Así pues, debemos agotar el tiempo subsanando cualquier error.

Si la preparación ha sido buena, nada más hacerse el sorteo de los temas, debemos decidirnos por uno. Inmediatamente nos concentramos y empezamos a desarrollarlo, porque debemos ya tener "**automatizada**" su escritura. Si empezamos a dudar, comenzamos a perder el escaso tiempo que nos dan.

En caso de haber estudiado con "**esquemas**", lo mejor sería hacernos uno en sucio para usarlo como guía en la redacción del examen. Este folio nos sirve también para tomar notas, para ir estructurando el tema, etc. Pero, repetimos, la escritura del tema debemos tenerla automatizada porque si no perdemos el tiempo. Esta hoja la destruiríamos al terminar.

Si hemos preparado una introducción, conclusiones, bibliografía y webgrafía "estándar", podemos irlas escribiendo en el llamado "**tiempo perdido**" que suele haber desde que nos dan los folios hasta que sortean los números de los temas. Después podemos añadir los rasgos específicos del tema ya elegido.

Nuestros preparados suelen preguntarnos por la expresión a usar. Aconsejamos el "**plural mayestático**" (*nosotros, ahora vemos, podemos seguir, observamos,* etc.)

Otro aspecto importante es la **elección** del tema de entre los sorteados. Debemos hacer el que dominemos mejor, el que ya lo hayamos escrito muchas veces durante la preparación, el que nos garantice escribir más folios, en suma, el que nos dé más seguridad.

No olvidar llevarse **agua** y alguna pieza de **fruta**. Normalmente a finales de junio suele hacer mucho **calor** y la sensación de éste aumenta con la tensión del examen.

Ahora adjuntamos una **hoja con un resumen** de los **aspectos formales** del examen escrito del tema, aunque aplicable también a la redacción de los **casos prácticos**.

**MODELO ESTÁNDAR DE PRESENTACIÓN PARA PRUEBA ESCRITA**

2.- COORDINACIÓN Y EQUILIBRIO EN LA INICIACIÓN AL FÚTBOL ESCOLAR

2.1. CONCEPTUALIZACIONES PRELIMINARES.

Desde un primer momento es adecuado tener en cuenta que cualquier movimiento, por mínimo que sea, requiere coordinación y equilibrio adecuados. Por ejemplo, abrir y cerrar una mano conlleva que una serie de grupos musculares realicen (agonistas) la acción y que otros se relajen (antagonistas) para que aquéllos puedan actuar, así como que otros grupos estabilicen (fijadores) los de la muñeca para que lo anterior pueda tener lugar (Téllez, 2014).

La coordinación nos permite hacer lo pensado, es decir, realizar la imagen mental que nos hemos hecho, el esquema motor. Está íntimamente ligada a las habilidades y destrezas básicas a través de su relación con la coordinación dinámico general y la coordinación óculo-segmentaria, respectivamente (Mateos y Garriga, 2015).

Precisamente, las edades porpias de la Primaria son las más críticas para el desarrollo de las capacidades coordinativas (Bugallal, 2011).

Si nos fijamos atentamente en un partido de fútbol podemos observar numerosas acciones diferentes y que, mal hechas, pueden producir lesiones, como dejinses:

a) Carreras
b) Saltos
c) Giros
d) Lanzamientos

Todos ellos con infinidad de VARIANTES. Para que todos esos gestos "salgan bien" ~~havrá~~ habrá sido necesario un director que regule todos los mov. Esta es la función del sistema nervioso.

## PARTES ESTÁNDARES A TODOS LOS TEMAS.

Muchas de las personas que preparamos tienen **problemas** por la falta de tiempo o de, simplemente, por ser poco capaces de aprender **introducciones, conclusiones, bibliografías, legislación y webgrafía** de cada uno de los temas.

Uno de los **remedios** para no "castigar" la memoria es confeccionarse unos "**estándares**" o "**comunes**" que den servicio a estos apartados.

Si a ello le unimos la racionalidad en la confección del Índice, a partir de los tres o cuatro apartados o descriptores del título del tema, hemos ahorrado un esfuerzo a nuestra memoria.

Así pues, vamos a dar una serie de **consejos** para que cada persona lectora los elabore de una forma sencilla pero eficaz unos textos usuales, si bien deberíamos a continuación podríamos **complementarlos** con unos **rasgos específicos** del tema que, prácticamente, nos vienen dado por el **título** del tema que nos escribirá el tribunal en la pizarra de la sala de examen. Por ejemplo, si la Introducción la hacemos en dos páginas, los aspectos comunes pueden suponer entre el 60-75 %, es decir, página y un tercio de la siguiente. Si la Conclusión la hacemos en una única, las tres cuartas partes podemos dedicarla a los textos estandarizados y el resto a los concretos del tema escrito.

### INTRODUCCIONES COMUNES A TODOS LOS TEMAS

Cuando hemos hablado con los componentes de los tribunales, habitualmente nos indican que suelen fijarse en el "detalle" de si el opositor ha puesto desde el principio o no **referencias** a la **legislación actual**, debido a que suelen entender que cualquier tema debe redactarse **a partir** de las leyes educativas, decretos y órdenes que las desarrollan. Así pues, debemos hacer mención, **respetando su jerarquía**, de:

- Ley Orgánica 8/2013, de 9 de diciembre, para la mejora de la calidad educativa (LOMCE). B.O.E. nº 295, de 10/12/2013.
- Ley Orgánica 2/2006, de 3 de mayo, de Educación (LOE). B.O.E. nº 106 del 04/06/2006. (Modificada por la LOMCE/2013).
- Ley 17/2007, de 10 de diciembre, de Educación en Andalucía. B.O.J.A. nº 252, de 26/12/2007.
- M. E. C. (2014). *Real Decreto 126/2014, de 28 de febrero, por el que se establece el currículo básico de la Educación Primaria*. B. O. E. nº 52, de 01/03/2014.
- M.E.C. (2015). *Orden ECD/65/2015, de 21 de enero, por la que se describen las relaciones entre las competencias, los contenidos y los criterios de evaluación de la educación primaria, la educación secundaria obligatoria y el bachillerato*. B.O.E. nº 25, de 29/01/2015.
- JUNTA DE ANDALUCÍA (2015). *Decreto 97/2015, de 3 de marzo, por el que se establece la ordenación y el currículo de la educación Primaria en la comunidad Autónoma de Andalucía*. BOJA nº 50 de 13/013/2015.
- JUNTA DE ANDALUCÍA (2015). *Orden de 17 de marzo de 2015, por la que se desarrolla el currículo correspondiente a la educación Primaria en Andalucía*. BOJA nº 60 de 27/03/2015.

No obstante, entendemos que sería un buen detalle **citar** también a las **Competencias Clave**, habida cuenta su importancia a partir de la publicación de la LOE/2006, actualizada por la LOMCE/2013.

Igualmente podemos hacer mención a la legislación correspondiente a la evaluación o a la relacionada con la atención a la **diversidad**, pero tanto texto no nos cabe, de ahí la necesidad de **sintetizar** la información que consideremos más representativa.

Otra línea es plasmar alguna "**frase hecha**", como "*enseñar Educación física con éxito supone diseñar una programación coherente con el contexto, disponer de un amplio abanico de estrategias didácticas, generar un clima de clase que invite al aprendizaje, utilizar adecuadamente los recursos materiales y tecnológicos e integrar la evaluación en el proceso de aprendizaje*" (Blázquez y otros, 2010).

Otro ejemplo puede ser: "*Uno de los fines genéricos que persigue la Educación Física escolar es el de favorecer la ubicación personal del alumno/a en la sociedad, en una cultura corporal donde la escuela proporcione al alumnado los medios apropiados para su acceso y, en consecuencia, conseguir los beneficios que de ella pueden conseguir: desarrollo personal; equilibrio psicofísico; mejorar la salud; disfrutar del tiempo de ocio; etc., así como el desarrollo de la autonomía personal ante las influencias que imponen los nuevos mitos sociales*". "*El cuerpo y el movimiento como ejes básicos de nuestra acción educativa*"; "*el área de Educación Física se muestra sensible a los acelerados cambios que experimenta la sociedad...*"; "*la importancia de las relaciones interpersonales que se generan alrededor de la actividad física permiten incidir en la asunción de valores como el respeto, la aceptación, la cooperación...*", procedentes de legislaciones pasadas, pero de plena actualidad por la temática expresada.

Posteriormente, en la Introducción debemos hacer referencias a la materia que trata el tema elegido, lo que antes hemos referenciado como "rasgos específicos". Esto nos resulta fácil con un poco de práctica, simplemente comentando una o dos líneas a partir del título del tema que el tribunal detalla en la pizarra. No obstante, el sentido de lo que expresemos debe ir encaminado a lo que "vamos a tratar en el desarrollo del tema..."

## CONCLUSIONES COMUNES A TODOS LOS TEMAS

Si en las introducciones se basan en lo que "vamos a estudiar en el tema...", con las Conclusiones ocurre al contrario: "a lo largo del tema hemos visto (escrito, estudiado, tratado, etc.) la importancia de..." Para ello podemos **actuar** como antes, es decir, un par de **párrafos comunes** a todas las temáticas. Por ejemplo, "la trascendencia del conocimiento del propio cuerpo, vivenciándolo y disfrutándolo, además de respetarlo". Otra posibilidad es incluir un párrafo basándonos en algunos ejemplos de estos textos **estandarizados**:

"*Todos los niños y niñas tienen el derecho a una educación de calidad que permita su desarrollo integro de sus posibilidades intelectuales, físicas, psicológicas, sociales y afectivas*" (Decreto 328/2010). "*Entendemos la etapa de primaria como fundamental para el desarrollo de las capacidades motrices del alumnado y donde el docente debe observar las deficiencias de éstos para corregirlas lo más rápidamente posible*".

En Andalucía, la O. 17/03/2015, indica que: "*la Educación Física es un área en la que se optimizan las capacidades y habilidades motrices sin olvidar el cuidado del cuerpo, salud y la utilización constructiva del ocio. En Educación física se producen relaciones de cooperación y colaboración, en las que el entorno puede ser estable o variable, para conseguir un objetivo o resolver una situación. La atención selectiva, la interpretación de las acciones de otras personas, la previsión y anticipación de las propias acciones teniendo en cuenta las estrategias colectivas, el respeto de las normas, la resolución de problemas, el trabajo en grupo, la necesidad de organizar y adaptar las respuestas a las variaciones del entorno, la posibilidad de conexión con otras áreas, el juego como herramienta primordial, la imaginación y creatividad".*

Posteriormente plasmamos algunos rasgos de lo más característico que hemos escrito durante la redacción del tema escogido. Realmente se trata de que destaquemos lo más trascendental de cada uno de los apartados de los descriptores del título, pero con información nueva, expresando que "a lo largo del tema hemos visto la importancia de..." o "hemos indicado en la redacción del tema los conceptos, clasificaciones, didáctica de...".

## BIBLIOGRAFÍA COMÚN A TODOS LOS TEMAS

Hay quien diferencia **bibliografía** de **legislación**. Nosotros, al estar ambos documentos en formato papel, lo **unificamos**.

Evidentemente cada tema tiene una serie de volúmenes principales o monográficos de apoyo, pero también está muy claro que hay una serie de **libros generales de didáctica** que vienen muy bien tenerlos en cuenta para ponerlos en la mayoría de los temas. Son las publicaciones que habitualmente se manejan en las facultades de Magisterio. Los tribunales suelen valorar más ediciones de los **últimos años**, aunque siempre habrá libros "clásicos", sobre todo las **monografías** de conocidos autores y que son muy **específicas** de los **temas**. Por ejemplo, Delgado Noguera en temas relacionados con la metodología y organización; Blázquez con evaluación y con la iniciación deportiva; Rigal en motricidad, etc.

Algunos ejemplos de bibliografía **común**, es decir, libros que prácticamente en su totalidad tratan **todas** las **materias** de los veinticinco temas, son:

ADAME, Z. y GUTIÉRREZ DELGADO, M. (2009). *Educación Física y su Didáctica. Manual de Programación.* Fondo Editorial de la Fundación San Pablo Andalucía CEU. Sevilla.

ARRÁEZ, J. M.; LÓPEZ, J. M.; ORTIZ, Mª M. y TORRES, J. (1995). *Aspectos básicos de la Educación Física en Primaria. Manual para el Maestro.* Wanceulen. Sevilla.

BLÁZQUEZ, D.; CAPLLONCH, M.; GONZÁLEZ, C.; LLEIXÁ, T.; (2010). *Didáctica de la Educación Física. Formación del profesorado.* Graó. Barcelona.

CAÑIZARES, J. Mª y CARBONERO, C. (2009). *Currículum de Educación Física en Primaria para Andalucía.* Wanceulen. Sevilla.

CAÑIZARES, J. Mª y CARBONERO, C. (2009). *Currículum de Educación Física en Primaria.* Wanceulen. Sevilla.

CHINCHILLA, J. L. y ZAGALAZ, M. L. (2002). *Didáctica de la Educación Física.* CCS. Madrid.

CONTRERAS, O. R. y GARCÍA, L. M. (2011). *Didáctica de la Educación Física. Enseñanza de los contenidos desde el constructivismo.* Síntesis. Madrid.

CONTRERAS, O. y CUEVAS, R. (2011). *Las Competencias Básicas desde la Educación Física.* INDE, Barcelona.

FERNÁNDEZ GARCÍA, E. -coord.- (2002). *Didáctica de la Educación Física en la Educación Primaria.* Síntesis. Madrid.

FERNÁNDEZ GARCÍA, E. -coord.- CECCHINI, J. A. y ZAGALAZ, Mª L. (2002). *Didáctica de la educación física en la educación primaria.* Síntesis. Madrid.

GALERA, A. D. (2001). *Manual de didáctica de la educación física. Una perspectiva constructivista moderada.* Vol. I y II. Paidós. Barcelona.

GIL MORALES, P. (2001). *Metodología didáctica de las actividades físicas y deportivas.* Fundación Vipren. Cádiz.

SÁENZ-LÓPEZ, P. (2002). *La Educación Física y su Didáctica.* Wanceulen. Sevilla.

SÁNCHEZ BAÑUELOS, F. (1996) *Bases para una Didáctica de la Educación Física y los Deportes.* Gymnos. Madrid.

SÁNCHEZ BAÑUELOS, F. y FERNÁNDEZ, E. -coords.- (2003). *Didáctica de la Educación Física para Primaria.* Prentice Hall.

SÁNCHEZ GARRIDO, D. y CÓRDOBA, E. (2010). *Manual docente para la autoformación en competencias básicas.* C.E.J.A. Málaga.

VICIANA, J. (2002). *Planificar en Educación Física.* INDE. Barcelona.

VILLADA, P. y VIZUETE, M. (2002). *Los Fundamentos teóricos-didácticos de la Educación Física.* Secretaría General Técnica del M. E. C. D. Madrid.

VV. AA. (2008). *Colección de manuales de atención al alumnado con necesidades específicas de apoyo educativo.* (10 volúmenes). C. E. J. A. Sevilla.

ZAGALAZ, Mª L.; CACHÓN, J.; LARA, A. (2014). *Fundamentos de la programación de Educación Física en Primaria.* Síntesis. Madrid.

Esta relación, o parte de ella, no debe aparecer en exclusiva. Antes que nada debemos recordar que es muy conveniente **reseñar autores y año** de publicación **durante** la **redacción** de los diversos apartados o descriptores. Esto, obviamente, nos obliga a incluirlos en la bibliografía "específica" de cada tema. Por ejemplo, en los temas relacionados con la psicomotricidad (7 – 9 – 10 – 11) recomendamos citar a:

RIGAL, R. (2006). *Educación motriz y educación psicomotriz en Preescolar y Primaria.* INDE. Barcelona.

SASSANO, M. (2015). *El cuerpo como origen del tiempo y del espacio. Enfoques desde la Psicomotricidad.* Miño y Dávila editores. Buenos Aires.

TAMARIT, A. (2016). *Desarrollo cognitivo y motor.* Síntesis. Madrid.

Hay una serie de **documentos legislativos** "obligatorios" porque, entre otras cosas, los hemos debido referir en el examen escrito. Además, debemos reseñar otros **específicos** de los temas. Por ejemplo, si tratamos la "evaluación", debemos anotar la

Orden de 4 de noviembre de 2015, por la que se establece la ordenación de la evaluación del proceso de aprendizaje del alumnado de educación Primaria en la Comunidad Autónoma de Andalucía.

La legislación general ya la hemos indicado en el apartado anterior sobre "Introducciones comunes", aunque referida a Andalucía. **Cada persona opositora debe adecuarla a la comunidad autónoma donde se presente**.

**WEBGRAFÍA COMÚN A TODOS LOS TEMAS**

Hoy día muchas de nuestras fuentes consultadas se encuentran en **Internet**, de ahí que debamos señalar algunas **webs fiables**. Nos inclinamos por revistas electrónicas de prestigio en la didáctica general y en la educación física en particular, así como a los portales de las propias **consejerías** de educación de la comunidades autónomas. Todas ofrecen recursos didácticos, experiencias… y legislación aplicada.

Algunos ejemplos, son:

http://www.agrega2.es
http://recursos.cnice.mec.es/edfisica/
http://www.ite.educacion.es/es/recursos
http://www.educarm.es/admin/recursosEducativos#nogo
www.juntadeandalucia.es/educacion/descargasrecursos/curriculo-primaria/index.html
http://www.gobiernodecanarias.org/educacion/webdgoie/
http://www.educarex.es/web/guest/apoyo-a-la-docencia
http://www.catedu.es/webcatedu/index.php/recursosdidacticos
http://www.adideandalucia.es

# TEMA 18

# EL DESARROLLO DE LAS HABILIDADES. PRINCIPIOS FUNDAMENTALES DEL ENTRENAMIENTO. ADECUACIÓN DEL ENTRENAMIENTO EN LA ACTIVIDAD FÍSICA EN LOS CICLOS DE EDUCACIÓN PRIMARIA.

## ÍNDICE

**INTRODUCCIÓN**

1. **EL DESARROLLO DE LAS HABILIDADES.**

    1.1. Definición.

    1.2. Clasificación de las habilidades motrices.

    1.3. Desarrollo de las habilidades motrices básicas.

    1.4. Desarrollo de las habilidades genéricas.

    1.5. Importancia de las condiciones física y motriz en el desarrollo de las habilidades y destrezas básicas.

2. **PRINCIPIOS FUNDAMENTALES DEL ENTRENAMIENTO.**

    2.1. Principios del entrenamiento infantil. (Ungerer).

3. **ADECUACIÓN DEL ENTRENAMIENTO EN LA ACTIVIDAD FÍSICA EN LOS CICLOS DE EDUCACIÓN PRIMARIA.**

    3.1. La condición física en el diseño curricular.

    3.2. Modelos de adecuación del entrenamiento en la actividad física en los ciclos de Educación Primaria.

*CONCLUSIONES*

**BIBLIOGRAFÍA**

**WEBGRAFÍA**

## INTRODUCCIÓN

El enunciado de este tema puede crear confusiones. Por un lado, el término "habilidad" -suponemos que motriz- y su "desarrollo", tienen relación con los contenidos del Tema 9. Por otro, la segunda y tercera se refieren a la condición física a través de los "principios del entrenamiento" y de la "adecuación del entrenamiento durante los tres ciclos de Primaria". Choca porque, en el ámbito escolar, debemos huir del modelo "deportivo o de rendimiento" y promocionar el "educativo y saludable" (Sánchez y Fernández -coords.-, 2003).

En este sentido, el R.D. 126/2014, indica que "*la propuesta curricular de la Educación Física debe permitir organizar y secuenciar los aprendizajes que tiene que desarrollar el alumnado de Educación Física a lo largo de su paso por el sistema educativo, teniendo en cuenta su momento madurativo del alumnado, la lógica interna de las diversas situaciones motrices, y que hay elementos que afectan de manera transversal a todos los bloques como son las capacidades físicas y las coordinativas, los valores sociales e individuales y la educación para la salud*".

Así pues, nos centraremos en el desarrollo de las habilidades motrices relacionándolas con las capacidades físicas y motrices que son necesarias para su correcto progreso.

Durante los primeros años de la vida, niñas y niños van adquiriendo los patrones motores básicos como consecuencia de la evolución y de las experiencias sacadas de los juegos, de ahí la importancia de éste en la formación del alumnado. Aunque antes había el convencimiento generalizado acerca de que la maduración era suficiente para conseguir el desarrollo, hoy día está más que demostrada la importancia de la educación física en estas edades tan tempranas.

Por otro lado, en los últimos años los métodos y sistemas de entrenamiento han evolucionado mucho. Marcas que parecían imposibles de batir se pulverizan cada año. Para ello han sido decisivo los avances en muchos campos: medicina, metodología, multimedia, etc.

En este tema veremos las leyes que son precisas observar para llevar a cabo esos niveles, si bien deseamos matizar que su ámbito de aplicación está fuera del mundo escolar. También trataremos cómo debe planificarse el esfuerzo físico durante la Etapa Primaria.

## 1. EL DESARROLLO DE LAS HABILIDADES.

Durante los últimos decenios la Educación Física ha experimentado cambios sustanciales. La perspectiva excesivamente mecanicista, que se dirigía fundamentalmente al desarrollo anatómico y funcional del sujeto, dejó paso a las corrientes psicomotrices, que enfocaron los objetivos de nuestra área hacia valores propios del área socio-afectiva y cognitiva. Desde entonces las nuevas transformaciones entienden que la condición física se desarrollará como consecuencia del **trabajo** realizado, aún teniendo otras referencias prioritarias, si bien tiene mucha importancia el matiz de "**salud**" (Sánchez y Fernández -coords.-, 2003).

### 1.1. DEFINICIÓN.

Serra (1987, 1994), que se basa en autores como Guthrie, Cratty, Knapp, Mc Clenaghan, Lawther y Gallahue, entre otros, determina que "*habilidad motriz es la maestría en la realización de una tarea que requiera movimiento y que es preciso hacerla con eficiencia, con intencionalidad, con un objetivo concreto, en poco tiempo, y utilizando la mínima energía posible"*. Es el cuerpo sólo, sin móvil y realizando un gesto técnicamente bueno, por ejemplo saltar adelante con dos pies juntos. En cambio, *"destreza motriz es un término que significa manipulación de un móvil: pelota, soga, aro, etc."*. Por ejemplo, lanzar una pelota con una mano por encima del hombro. En cualquier caso, la **transferencia** positiva de aprendizajes de habilidades previas, su **jerarquía** y el **constructivismo** son tres de sus principales características.

Gil Madrona (2003), define a la habilidad motriz como *"la facilidad y la precisión que se necesita para la ejecución de diversos actos"*.

## 1.2. CLASIFICACIÓN DE LAS HABILIDADES MOTRICES.

Existen numerosos modelos en función de los parámetros que sigan los autores. Cañizares y Carbonero (2007), indican una "pirámide" especificando el tipo de habilidad, ciclo y edades más críticas para su aprendizaje. En ella podemos observar cómo se va "construyendo" la habilidad motriz desde las primeras edades, y la importancia de las capacidades coordinativas en el ajuste motor de cualquier habilidad.

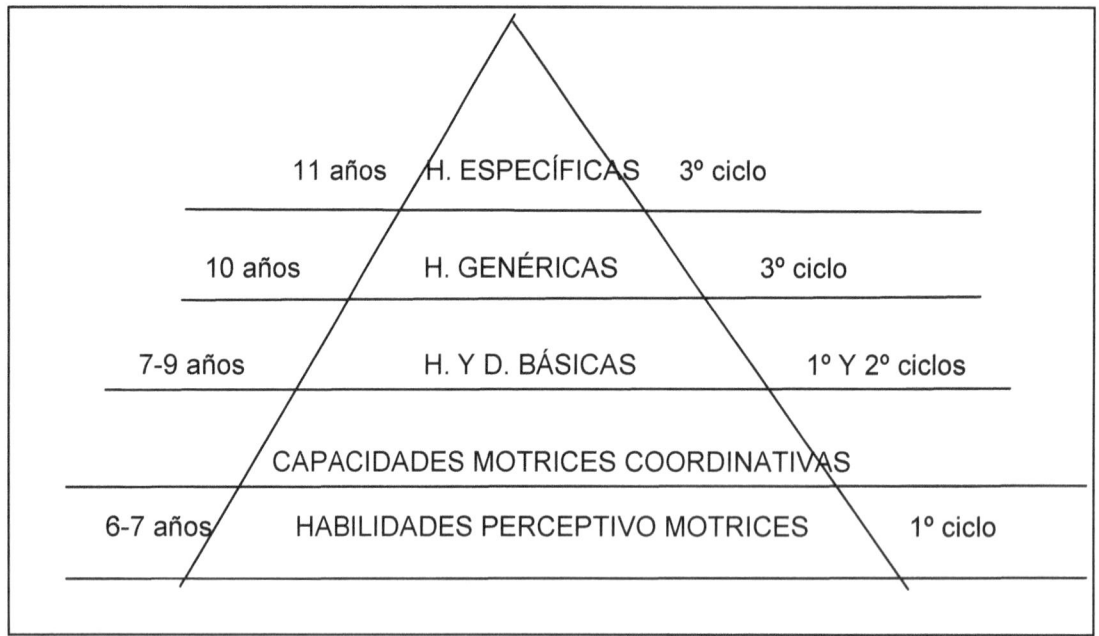

- **Habilidades Perceptivas Motrices.- Integradas** por los contenidos relacionados con el conocimiento del propio cuerpo, espacio y tiempo. Aunque tienen una edad crítica de aprendizaje hasta los siete años, en realidad se siguen perfeccionando durante toda la Primaria. (Ver Tema 11).

- **Capacidades Motrices Coordinativas**.- Engloba a Coordinación y Equilibrio, con sus variantes. En realidad **no son habilidades**, sino los elementos cualitativos del movimiento y "puente" entre las Habilidades Perceptivo Motrices y las H. Básicas y Genéricas. Estas capacidades van íntimamente unidas a las habilidades porque son requeridas significativamente para aprender un gesto concreto. Por ejemplo, regular todos los segmentos óseos corporales para aprender la habilidad del salto con dos pies juntos (secuenciar durante las fases del mismo los gestos de miembros superiores-tronco-miembros inferiores, guardando el equilibrio durante la acción, sobre todo al caer). (Ver Tema 7).

- **H. y D. Básicas**.- Son movimientos fundamentales que se agrupan en Desplazamientos, Saltos, Giros, Lanzamientos y Recepciones. Cualquier gesto que hagamos se basa en alguna de ellas. Constituyen el "alfabeto" del movimiento. (Ver Tema 9).
- **H. Genéricas**.- Resultan de la combinación de varias básicas. Botes, fintas, conducciones, interceptaciones, etc. Se desarrollan con juegos de índole pre-deportivo, como el "balón-torre". (Ver Tema 9).
- **H. Específicas**.- Son las deportivas. Deben iniciarse al final de la Etapa, si el alumnado tiene bien asentados los aprendizajes de las habilidades anteriores. En todo caso será un deporte "mini". Tiene gran importancia hacerlas conforme el reglamento de la especialidad. Por ejemplo, si en el ejemplo anterior del "balón-torre" da igual si se hace la falta de "dobles", al realizar Mini-Basket, es fundamental no hacerlo porque sería sancionable. (Ver Tema 14).

La mayoría de los autores reconocen a las Habilidades Perceptivo Motrices, las Habilidades y Destrezas Básicas y a las Habilidades Específicas.

## 1.3. DESARROLLO DE LAS HABILIDADES MOTRICES BÁSICAS.

Para tratar este apartado y los dos siguientes resumimos a Trigueros y Rivera (1991), Sánchez Bañuelos (1992), Díaz (1999), Batalla (2000), Ruiz Pérez (2000), Conde y Viciana (2001), Fernández García -coor.- (2002), Gil Madrona (2003), Sánchez Bañuelos y Fernández García -coords.- (2003), Gutiérrez (2004) y Oña (2005).

a) **Desplazamientos**. Exigen un gran control sobre la coordinación general del cuerpo. La marcha y la carrera adelante son las dos formas más habituales, pero no podemos desechar de ninguna manera al resto de los desplazamientos (carrera lateral, cuadrupedias, trepas, transportes, gateos...), debido al gran poder motor que encierran y el desarrollo de las capacidades físicas a modo de factor de ejecución. Los aspectos que debemos significar a la hora de su trabajo radican en: variar las posiciones de partida, uso del factor sentido y dirección del desplazamiento, realización de recorridos, alterar las velocidades de ejecución, ajustar las distancias, variar la complejidad (franquear obstáculos), variar los recursos materiales: picas, cuerdas, conos, pelotas, aros, bancos, espalderas, etc., innovar la organización: parejas, tríos, sextetos...

b) **Saltos**. Podemos distinguir saltos en longitud, altura y sus combinaciones. Además, la combinación de los saltos con marchas, carreras, multisaltos, saltar a una altura o desde una altura, etc. En su desarrollo didáctico debemos prestar atención a las diferentes fases del salto: previa, impulso, vuelo y caída. No podemos olvidar un factor de ejecución que es fundamental: fuerza rápida o potencia, sobre todo al nivel de los grupos extensores de los miembros inferiores (cuádriceps y gemelos), tanto a la hora del impulso -potencia activa- como en el momento de caer -potencia negativa o de frenado-. El equilibrio dinámico -reequilibrio- es muy importante en todo momento para mantener la posición deseada en contra de la fuerza de gravedad.

Algunos ejemplos de propuestas de actividades son: saltos a dos pies juntos; saltos a la pata coja, con agarre o no del pie libre; variar ritmos, recorridos y obstáculos, (éstos serán, siempre, livianos: conos, cuerdas, aros, etc.); combinar los saltos con carreras, giros, lanzamientos...

c) **Giros**. Solicitan mucho equilibrio y sentido kinestésico, aunque también flexibilidad y agilidad. Proponemos algunos ejemplos de actividades para su desarrollo: giros muy livianos, con/sin ayudas sobre el eje longitudinal, transversal y antero-posterior; giros previo salto vertical; realizar algún gesto durante el giro. Señalamos algunas variables tales como cambios en la dirección, ajustes a un ritmo y espacio. Debemos prestar atención a posibles mareos, así como tener presente recursos que faciliten la seguridad, colchonetas por ejemplo.

d) **Lanzamientos y recepciones**: Debemos tener presente un aprendizaje previo que es fundamental: tener la lateralidad bien definida. Debemos corregir las fases de lanzamiento y recepción. Proponemos las siguientes actividades: rodar, conducir, lanzar, etc. balones, discos voladores, aros, etc. con lanzamientos variados con manos y pies, lanzando en altura o en longitud, con lanzamientos de fuerza o de precisión, a dianas móviles, desde posiciones estáticas o dinámicas, a diferentes alturas, etc.

Además, tendremos en cuenta una serie de variables como la velocidad de los lanzamientos, los controles de las distancias, apreciaciones de trayectorias, ajustes espacio-tiempo, sincronía entre el propio movimiento y el del objeto, ritmos, etc.

## 1.4. DESARROLLO DE LAS HABILIDADES MOTRICES GENÉRICAS.

Serra (1987, 1994), indica dos grandes grupos:

| H. GENÉRICAS (donde **se utilizan** móviles). | Botes, Golpeos, Pases, Tiros, Desvíos, Impactos, Conducciones, etc. |
|---|---|
| H. GENÉRICAS (donde **no se utilizan** móviles.) | Marcajes, Desmarques, Bloqueos, Pantallas, Pivotes, Fintas, etc. |

Incluimos algunos ejemplos (ver Tema 9):

- **Pases**

    Manipulaciones producidas por un sujeto que se desprende de un objeto con la finalidad de hacerlo llegar a otro compañero. Se **caracterizan** por el cálculo de distancias y trayectorias. Se desarrolla con juegos donde los alumnos se pasan pelotas de todo tipo, aros, picas, etc. Por ejemplo, "balón-tiro", aunque éste incluye otras habilidades genéricas tales como fintas, lanzamientos. También, "balón-torre", "los diez pases", etc.

- **Conducciones**

    El alumno dirige **sucesivamente** un objeto móvil (pelota por ejemplo) con la finalidad de desplazarlo por el terreno, utilizando su propio cuerpo o un móvil. Las conducciones con los miembros superiores suelen realizarse con el empleo de un instrumento (stick). Lo desarrollamos con juegos de conducción de balón, por ejemplo, relevos de conducción. Algunas variables radican en conducir con diversas superficies de contacto, móviles o implementos para la conducción, así como alternar velocidades y trayectorias.

- **Impactos**

    Serra (1987, 1994), indica que son manipulaciones producidas por un sujeto con un instrumento (raqueta preferentemente), que maneja para actuar sobre otro móvil para impulsarlo o para cambiar su trayectoria anterior. Para desarrollarlos debemos construir tareas variando el móvil, trayectorias y velocidades, etc. Por ejemplo, juegos con palas a base de toques, botes, pases, lanzamientos de fuerza y precisión, efectos, etc. Otros autores asimilan los impactos a los golpeos.

- **Golpeos**

    Serra (1987, 1994), manifiesta que es un encuentro violento y a veces repentino con un objeto. Se diferencia del **impacto** en que no existe instrumento. Se desarrollan a través de juegos con recursos móviles, preferiblemente pelotas. Por ejemplo, fútbol-tenis en espacio reducido. Podemos aumentar las posibilidades didácticas si cambiamos de segmento ejecutor, variamos los móviles, combinamos posiciones estáticas y dinámicas, etc.

- **Botes**

    Basados en el impulso que experimentan los móviles elásticos al chocar contra una superficie rígida. Los hay con o sin desplazamiento. Los trabajamos con juegos populares y pre-deportivos donde hay un balón como recurso móvil. Por ejemplo, relevos con bote de pelota. Podemos variar las direcciones, velocidades, altura del bote, tipo de móvil, superficie, postura corporal, etc.

- **Fintas**

    Se basan en los desplazamientos y sus posibilidades espaciales (cambios súbitos de sentido y dirección), y en el tiempo (diferentes velocidades). Si se utiliza un móvil se llama **regate**. Su desarrollo va implícito en la mayoría de los juegos grupales con o sin móvil. Por ejemplo, "corta-hilos", "balón-tiro", "policías y ladrones", etc.

- **Tiro**

    Es un lanzamiento de precisión, como el pase, pero tratando de conseguir gol o punto. Su desarrollo parte de juegos de puntería, como los de diana y populares como el "balón-tiro".

Una vez que estén **afianzadas** las básicas y genéricas puede iniciarse el aprendizaje de la **específica** o deportiva, normalmente al final de la Etapa. Para ello el alumnado debe ser capaz de combinar progresivamente todas las habilidades anteriores. Por ejemplo, una entrada a canasta en Mini-Basket implica desde la lateralidad y la estructuración espacio-temporal al desplazamiento, bote y tiro. Si bien el paso de la H. Básica a la Genérica-Específica empieza hacia los siete años, en realidad la especialización llegará más adelante (Sánchez y Fernández -coords.-, 2003).

## 1.5. IMPORTANCIA DE LAS CONDICIONES FÍSICA Y MOTRIZ EN EL DESARROLLO DE LAS HABILIDADES Y DESTREZAS BÁSICAS.

Para relacionar cada habilidad con sus necesidades físicas y motrices, vamos a considerar los siguientes grupos de Habilidades y Destrezas Básicas (Arráez y otros, 1995):

- **Desplazamientos habituales**: marcha y carrera adelante
- **Desplazamientos no habituales**, pero que se consideran **básicos** debido a la gran riqueza motriz que su desarrollo producen en el alumnado. Son, entre otros, las variantes de marcha y carrera, cuadrupedias, reptaciones, gateos, transportes, propulsiones, etc.
- **Saltos**.
- **Giros**.
- **Lanzamientos-Recepciones**.

No podemos olvidar que el R. D. 126/2014 da a la condición física un matiz de "**saludable**" y también como **factor de ejecución** de la habilidad motriz (Ver T. 17).

- **Desplazamientos habituales**

| HABILIDAD | CAPACIDAD FÍSICA | CAPACIDAD MOTRIZ |
|---|---|---|
| **Marcha adelante** | Cierto tono y resistencia muscular | Esquema Corporal, Equilibrio y Coordinación General |
| Carrera adelante | Potencia muscular, resistencia y velocidad | Ídem |

- **Desplazamientos no habituales**. Tratamos los más significativos:

| HABILIDAD | CAPACIDAD FÍSICA | CAPACIDAD MOTRIZ |
|---|---|---|
| **Cuadrupedia** | Fuerza general (dinámica y resistencia) | Esquema Corporal Coordinación General |
| Tripedia | Ídem | Ídem |
| **Reptación** | Ídem | Ídem |
| **Trepa** | Ídem y Flexibilidad | Ídem y Equilibrio |
| **Propulsión** | Ídem | Esquema Corporal Coordinación General |
| **Deslizamiento** | Fuerza dinámica Velocidad | Coordinación General Equilibrio |
| **Gateo** | Fuerza general | Esquema Corporal Coordinación General |

- **Saltos, Giros y Lanzamientos-Recepciones**.

| HABILIDAD | CAPACIDAD FÍSICA | CAPACIDAD MOTRIZ |
|---|---|---|
| Saltos | Potencia muscular | Coordinación y Equilibrio |
| **Giros** | Agilidad y Flexibilidad | Ídem |
| **Lanzamientos y Recepciones** | Velocidad Segmentaria Potencia | Coordinación Óculo-Segmentaria y General. Lateralidad |

Como podemos observar, los vehículos para el desarrollo de las habilidades y destrezas básicas lo constituyen las capacidades motrices de Coordinación y Equilibrio con todas sus variantes. Además, la coordinación se apoya en los "elementos psicomotores básicos": Esquema Corporal y Estructuración Espacio-Tiempo, que llevan consigo la relajación, lateralidad, etc.

## 2. PRINCIPIOS FUNDAMENTALES DEL ENTRENAMIENTO.

La teoría y metodología del entrenamiento tienen sus propios principios o **leyes** de **obligado cumplimiento** basados en las ciencias biológicas, psicológicas y pedagógicas González y Navarro (2010) y (González, Pablos y Navarro, 2014). Todos se relacionan entre sí y garantizan la correcta aplicación del proceso de entrenamiento (Navarro, 2000). Los principios son comunes a todos los deportes, independientemente del método de enseñanza empleado. Indican cómo aplicar los estímulos de entrenamiento al deportista para que provoquen la adaptación deseada (Avella, Maldonado y Ram, 2015).

Torres (2005), indica que los Principios del Entrenamiento son unas *"pautas de actuación correctas con el objetivo de lograr unos resultados óptimos. Todos están relacionados y no se pueden aislar"*.

Si resumimos lo expuesto por Reina y Martínez (2003), recogido de varios autores, el entrenamiento es *"la utilización sistemática de técnicas y principios metodológicos con vistas a una mejora de la eficacia y acrecentamiento del rendimiento. Sirve para mejorar la condición física, técnica, táctica y psicológica"*.

Guillén y Benítez (2009), indican que si **cumplimos** lo especificado por estos principios acertaremos en el planteamiento, ejecución, eficacia y desarrollo del entrenamiento.

En cualquier caso, debemos **huir** de lo que conocemos por "**rendimiento deportivo**" y centrarnos en los aspectos educativos y saludables. Así pues, toda connotación a los sistemas de entrenamiento y su control, así como los modernos **sistemas de gestión y software** comercial para análisis del rendimiento: Focus, Quintic, Prozone, Dartdish, Crickstatm SiliconCoach, SportsCode, etc. **no** tiene ningún tipo de **aplicación** en el ámbito educativo (Pérez Turpin, 2012).

En la literatura deportiva existen numerosos autores que tratan sobre los principios del entrenamiento. Por ejemplo, Weineck (1988) y Grosser (1992). Álvarez del Villar (1983), a quien seguimos, es un referente para muchos, como Navarro (2000), Pacheco (2003), Cañizares (2004), León (2006), Gómez Mora (2008), Guillén y Benítez (2009), González y Navarro (2010), Legaz (2012), Avella, Maldonado y Ram, (2015) y Anselmi (2015).

En los últimos tiempos también se han incorporado al entrenamiento deportivo, entre otras ciencias, la Psicología y hoy día es común encontrarnos con especialistas en los "cuerpos técnicos" de los equipos, sobre todo en la elite. De ahí que citemos unos "principios psicológicos" que acompañan a los biológicos.

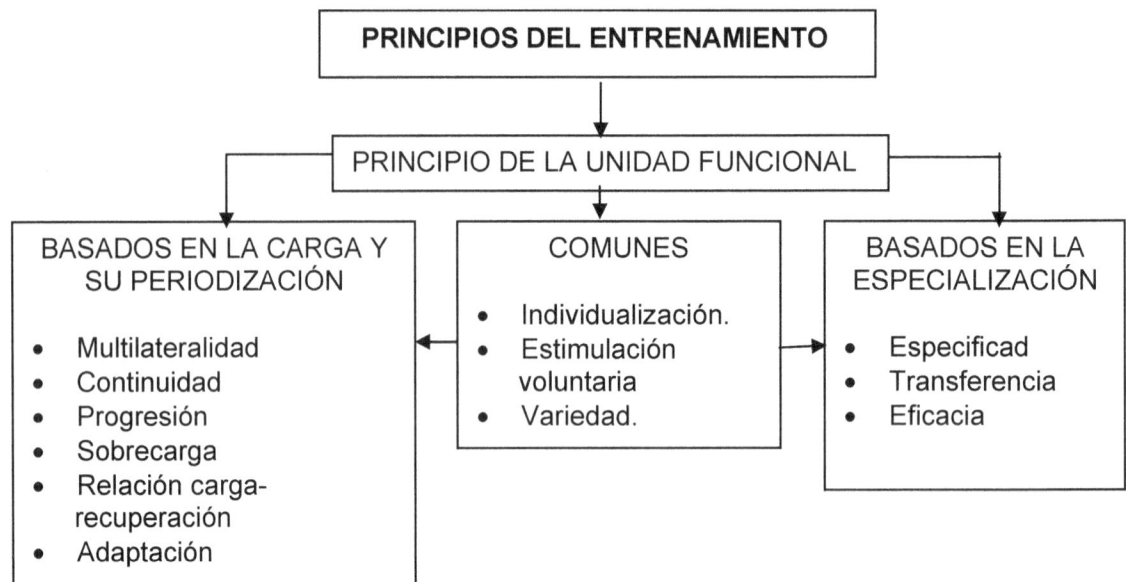

**Resumimos** de cada uno su característica principal en la siguiente tabla, para facilitar su estudio y comprensión:

| PRINCIPIO | CARACTERIZACIÓN |
|---|---|
| Unidad funcional | El organismo es un todo. |
| Multilateralidad | Trabajo previo de todos los factores de base. |
| Continuidad | Frecuencia en las prácticas con descansos adecuados. |
| Progresión | Aumento continuado de la carga. |
| Sobrecarga | Combinar volumen y calidad. |
| Relación carga-recuperación | Según el esfuerzo así será la recuperación. |
| Adaptación | Cambios de funciones orgánicas. |
| Especificidad | Cada especialidad requiere un entrenamiento concreto. |
| Transferencia | Aprovechar los aprendizajes anteriores. Positiva o negativa. |
| Eficacia | Relación del gasto de energía con el ingreso de la misma. |
| Individualización | Cada persona requiere una carga distinta. |
| Estimulación voluntaria | Activación de la capacidad volitiva. |
| Variedad | Alternar recursos, agrupaciones… |

**Principio de la Unidad Funcional**

El organismo actúa como un todo. Cada uno de sus órganos y sistemas está interrelacionado con los demás hasta tal punto que el fallo de cualquiera de ellos hace imposible la continuidad del entrenamiento (corazón, sistema respiratorio, aparato endocrino,...). El desarrollo de los sistemas y cualidades del individuo ha de hacerse simultánea y paralelamente.

### Principio de la Multilateralidad o Generalidad.

Este principio no se contradice con el de "Especificidad", sino que lo complementa. Se refiere a una preparación basada en el desarrollo previo de todas las capacidades físicas. El entrenamiento debe buscar el desarrollo armónico de todas las capacidades para, una vez asentadas, insistir en una o varias propias de la especialidad.

Se ha demostrado que todas las capacidades mejoran más gracias al entrenamiento genérico previo. Se puede decir que un entrenamiento general garantiza la preparación propia de la especialidad. El entrenamiento moderno trata de abarcar simultáneamente todos los factores de la práctica física, porque se ha demostrado que con una preparación multifacética de base se consiguen mejores resultados, ya que el deportista domina una mayor cantidad de movimientos, tiene un mando superior en sus conductas motrices y, en consecuencia, está en disposición de asimilar posteriormente las técnicas y los métodos de entrenamiento más complicados. Al contrario, una preparación unilateral sólo incide sobre un sistema u órgano concreto, por lo que al progresar en un sector, se regresa en los demás.

### Principio de la Continuidad

Un entrenamiento muy distante de otro no producirá ningún efecto positivo en el proceso de adaptación del entrenamiento, porque no será posible la súper compensación. La fisiología del ejercicio y la experiencia han demostrado que todo esfuerzo que se interrumpe por un período prolongado o es realizado sin continuidad, ni crea hábito ni entrena. Esto no quiere decir que el deportista no deba descansar, porque esta fase del entrenamiento tiene tanta importancia como el trabajo realizado en sí. Lo que sucede es que cuando un esfuerzo se repite, pero han desaparecido los efectos del anterior, no existe desarrollo funcional. Con el descanso entre estímulos perseguimos el crecimiento de los tejidos, la reposición alimentaria y síntesis bioquímica.

### Principio de la Progresión

La mayor o menor duración de la forma deportiva de un sujeto y, en suma, de su vida deportiva, va a depender de la capacidad de asimilación de estímulos sucesivamente crecientes, capacidad que sólo podrá adquirirse si durante el proceso de entrenamiento hay un crecimiento paulatino del esfuerzo: **volumen**, el factor cuantitativo; **intensidad**, elemento cualitativo; **complejidad**, es decir, los contenidos del entrenamiento, el qué y cómo se entrena; **densidad** o factor estímulo, que es la relación entre el tiempo de aplicación de la carga y el tiempo para la recuperación.

Una vez elegido el sistema de entrenamiento, el número de ejercicios, las cargas a utilizar, etc., deben estar fraccionadas gradualmente para que el sujeto vaya adaptándose progresivamente a esfuerzos más intensos en cantidad y en calidad.

### Principio de la Sobrecarga

Está encadenado con el principio anterior. Se relaciona directamente con el "**volumen**" de entrenamiento, si bien hay que considerar que en los primeros años de preparación éste aumenta progresivamente, influyendo enormemente en el rendimiento. A medida que el deportista mejora su nivel, la importancia del volumen va disminuyendo y toma su lugar el factor "**intensidad**", ya que las adaptaciones sólo se producen cuando responden a tensiones aplicadas a niveles superiores al umbral personal, dentro de los límites de tolerancia. También debemos considerar los factores de "**densidad**", o tiempo de descanso entre estímulos a lo largo de la sesión (tiempo total y útil de la sesión); "**frecuencia**" o número de sesiones dentro de un ciclo de entrenamiento; "**complejidad**", que es la dificultad técnica de los ejercicios empleados.

### Principio de la Relación Carga-Recuperación

Muy relacionado con los demás, sobre todo con el de la Continuidad. Hace referencia al establecimiento de unos periodos adecuados entre la carga del entrenamiento y la fase de descanso correspondiente, con objeto de que el organismo sano realice la supercompensación. Esta carga dinámica puede variar en cantidad, calidad, densidad y complejidad.

### Principio de la Adaptación

El entrenamiento provoca en el organismo múltiples procesos de ajuste que modifican sus funciones. En cambio, desaparecen cuando no se entrena.

### Principio de Especificidad

Cada deporte tiene unas características y reglas especiales. También en cada deporte hay roles distintos: portero, delantero, etc. Por lo tanto, cada deportista debe entrenarse en aquellos requerimientos que le demanda su puesto específico. No es el mismo tipo de potencia que necesita un saltador que un jugador de baloncesto.

### Principio de Transferencia

Al realizar los ejercicios propios de unos entrenamientos más o menos ajenos, las modificaciones pueden tener una triple influencia en el estereotipo motor propio de una especialidad concreta. Esta influencia puede ser **positiva, negativa o neutra**. Por ejemplo, la realización de un ejercicio de fuerza va a influir en la mejora de la velocidad de arranque de un sujeto. Es un caso de transferencia positiva. En el caso de un velocista que entrena varias veces por semana carreras de fondo, existe una transferencia negativa, porque le va a suponer merma en su capacidad explosiva. Si un futbolista juega a tenis de mesa, ésta especialidad no le supone ni beneficio ni perjuicio, por lo que es una transferencia neutra.

### Principio de Eficacia

Viene dado por ajustarse al resto de principios. Sin la progresión, aplicación de cargas, descansos, etc., apropiadas, no puede hablarse de un entrenamiento eficaz. La eficacia la entendemos como "la relación del gasto de energía con el ingreso de la misma" (Burke, citado por Álvarez del Villar, 1983). Por ejemplo, si queremos trabajar con eficacia en velocidad, tendremos que realizar estímulos máximos y descansos amplios.

### Principio de Individualización

Está determinado por las características morfológicas y funcionales del deportista, ya que cada sujeto es un todo con características **distintas**: biotipológicas, fisiológicas y psicológicas. El tipo de respuesta que sucede a un determinado estímulo cambia según los individuos, y en el mismo individuo dentro del proceso de entrenamiento. La respuesta del deportista varía en función de la edad, años de entrenamiento, salud, experiencia, tipo somático, aspectos psíquicos, etc.

**Principio de la Estimulación Voluntaria**

Burke considera que las mejoras a través de la actividad física son más específicas cuando el deportista practica un adiestramiento dirigido por una estimulación nerviosa voluntaria, es decir, "disfruta" con la actividad, es consciente de sus beneficios.

**Principio de Variedad**

El entrenamiento repetitivo es aburrido, por tanto hay que darle variedad al entrenamiento, ya sea con nuevos ejercicios o cambiando el entorno. Por ejemplo, correr en un parque, en la cancha, en grupos pequeños, grandes, etc.

Por otra parte, León (2006), basándose en Navarro (2000), establece **dos grupos** de **enfoques** en los principios:

- **Principios biológicos**. Los vistos anteriormente, los agrupa en tres:

    - Los que inician los procesos de adaptación
    - Los que aseguran los procesos de periodización
    - Los que orientan los procesos de individualización y especialización.

- **Principios pedagógicos**, que resaltan la importancia de "enseñar a aprender". Tratan aspectos relacionados con la transmisión de la información, feedback, refuerzos, motivación, transferencia, etc. También con la participación activa y consciente en el entrenamiento, con la accesibilidad para todo el alumnado y con la satisfacción deportiva, entre otros.

Desde un **punto de vista psicológico**, podemos señalar dos "principios":

- **Ley de Yerkes Dodson**: El rendimiento físico está mediatizado por el nivel adecuado de motivación. Tener más o menos motivación de la necesaria es contraproducente.

- **Efecto Carpenter**: Basado en el entrenamiento "ideomotor". Se trata de visualizar mental y previamente la habilidad a realizar. Muy aplicado en situaciones cortas, como los lanzamientos y saltos atléticos.

Martin, Carl y Lehnertz (2001), establecen **tres ámbitos de principios**:

- P. Pedagógicos del entrenamiento.
- P. de la Elaboración y de la Organización del entrenamiento.
- P. de la Planificación del Contenido y Metodología del entrenamiento.

Arufe (2009), indica una serie de principios "pedagógicos-deportivos" adecuados al entrenamiento infantil, centrándose en aspectos relacionados con la aplicación de la resistencia.

## 2.1. PRINCIPIOS DEL ENTRENAMIENTO INFANTIL.

**Ungerer** (1977). Este autor, citado por Hahn, (1988) y por Vallejo (2002), recoge una serie aspectos metodológicos **a tener en cuenta** en la práctica deportiva y en el entrenamiento infantil:

- Aumentar, en las cargas elevadas, los tiempos de recuperación.

- Priorizar el desarrollo de la resistencia aeróbica en detrimento de la anaeróbica.
- Evitar las situaciones donde se fuerce la respiración.
- Eliminar las cargas elevadas en el desarrollo de la fuerza, sobre todo las que incidan sobre la columna vertebral.
- Potenciar el trabajo de flexibilidad dentro de las sesiones donde se desarrolle la fuerza.
- Tener en cuenta la limitación en el procesamiento de la información (ver Tema 8), sobre todo en tareas que exijan una alta coordinación de movimientos.
- Utilizar de forma prioritaria las habilidades "naturales" o cotidianas frente a los ejercicios excesivamente elaborados.
- Primar la variedad frente a estereotipos de gestos específicos.
- Remarcar el aspecto lúdico de ciertas actividades como apoyo a la motivación.
- Es preferible, por su mayor carga motivacional, el entrenamiento en grupo que el individual.

**Pacheco** (2003), establece una serie de "Principios Fundamentales" a modo de "pautas" para trabajar la condición física en Primaria. Como novedad, respecto a los vistos anteriormente, destaca el "Principio de Adaptación a la Evolución", donde señala que ésta no es lineal, y que tiene unas fases sensibles. También comenta otros principios, pero muy similares a los expresados por Álvarez del Villar, como los de Progresión, Continuidad, Alternancia y Variedad.

Independientemente de estas pautas didácticas, García, Navarro y Ruiz (1996), establecen el "Principio de la Accesibilidad", donde indican que con los jóvenes debemos ir de lo *"poco a lo mucho, de lo sencillo a lo complejo y de lo conocido a lo desconocido"*.

## 3. ADECUACIÓN DEL ENTRENAMIENTO EN LA ACTIVIDAD FÍSICA EN LOS CICLOS DE EDUCACIÓN PRIMARIA.

Como ya hemos visto en otros temas, más que "entrenamiento" debemos decir "**desarrollo**" o educación de la actividad física en Educación Primaria. Además, debemos tender a la llamada *"condición física-salud"*, huyendo de cualquier modelo deportivo (Delgado y Tercedor, 2002).

Es más, dadas las edades donde nos movemos, 6-11 años, en primer lugar debe primar lo **motor** (coordinación, equilibrio, espacialidad, temporalidad y corporalidad) sobre lo **físico** (velocidad, fuerza, etc.), debiendo tener esto último un tratamiento como **factores de ejecución** del movimiento (Rosillo, 2010). Por todo ello, la Educación Física en la Educación Obligatoria tiene como finalidad el desarrollo de la conducta motriz y la creación de hábitos saludables, nunca tendrá fines relacionados con el rendimiento físico (R. D. 126/2014).

El acondicionamiento físico en las edades de Primaria tiene por objeto asegurar un **desarrollo armónico** de la condición física es estas primeras edades aplicando sistemas los más objetivos posibles que garanticen el control de su tratamiento en las clases. Por ejemplo, dar estímulos suficientes con métodos globales y dinámicos, con descansos óptimos (Mora, 2009).

## 3.1. LA CONDICIÓN FÍSICA EN EL DISEÑO CURRICULAR.

Las capacidades físicas se diversifican con claridad en los currículos de la Educación Obligatoria. En Primaria se hace una presentación global de ellas dentro de un marco de práctica de las habilidades motrices. En edades posteriores, se limitan a objetivos muy influidos por el modelo condición física-salud, con esfuerzos moderados y evaluación criterial. La idea de la educación física-rendimiento dejó de existir oficialmente en la escuela (Navarro, 2007).

El **R. D. 126/2014** destaca para esta Etapa el binomio "condición física-salud creando hábitos saludables". Dentro de los elementos curriculares, apuntamos:

a) **CC. CLAVE**
**Competencia sociales y cívicas**. Las actividades dirigidas a la adquisición de las habilidades motrices requieren la capacidad de asumir las diferencias así como las posibilidades y las limitaciones propias y ajenas. El cumplimiento de las normas que rigen los juegos colabora con la aceptación de códigos de conducta para la convivencia. La Educación física ayuda a entender, desarrollar y poner en práctica la relevancia del ejercicio físico y el deporte como medios esenciales para fomentar un estilo de vida saludable que favorezca al propio alumno, su familia o su entorno social próximo. Se hace necesario desde el área el trabajo en hábitos contrarios al sedentarismo, consumo de alcohol y tabaco, etc. **Competencia digital** en la medida en que los medios informáticos y audiovisuales ofrecen recursos cada vez más actuales para analizar y presentar infinidad de datos que pueden ser extraídos de las actividades físicas, deportivas, competiciones, etc. El uso de herramientas digitales que permitan la grabación y edición de eventos (fotografías, vídeos, etc.) suponen recursos para el estudio de distintas acciones llevadas a cabo.

b) **Objetivos de Etapa**: El objetivo más relacionado es el "k": *"valorar la higiene y la salud, aceptar el propio cuerpo y el de los otros, respetar las diferencias y utilizar la educación física y el deporte como medios para favorecer el desarrollo personal y social"*, habida cuenta la condición física está presente en las prácticas de juegos motores en mayor o menor medida. Por ejemplo, velocidad en los juegos de relevos.

La **O. del 17/03/2015**, indica:

c) **Objetivos de Área**: Objetivo 2: *Reconocer y utilizar sus capacidades físicas, habilidades motrices y conocimiento de la estructura y funcionamiento del cuerpo para el desarrollo motor, mediante la adaptación del movimiento a nuevas situaciones de la vida cotidiana.*
Objetivo 4: *Adquirir hábitos de ejercicio físico orientados a una correcta ejecución motriz, a la salud y al bienestar personal, del mismo modo, apreciar y reconocer los efectos del ejercicio físico, la alimentación, el esfuerzo y hábitos posturales para adoptar actitud crítica ante prácticas perjudiciales para la salud.*
Objetivo 6: *Conocer y valorar la diversidad de actividades físicas, lúdicas, deportivas y artísticas como propuesta al tiempo de ocio y forma de mejorar las relaciones sociales y la capacidad física, teniendo en cuenta el cuidado del entorno natural donde se desarrollen dichas actividades.*

d) **Bloques de contenidos**. En el **bloque** nº 2 "*La Educación física como favorecedora de la salud*", se especifican muchos aspectos relacionados con la condición física, como:

- Movilidad corporal orientada a la salud (1º C.)
- Mejora genérica de la condición física-salud (2º C.)
- Calentamiento y recuperación (3º C.)

El **R. D. 126/2014**, indica:

e) **Criterios de evaluación**. El nº 6 nos dice: 6. "*Mejorar el nivel de sus capacidades físicas, regulando y dosificando la intensidad y duración del esfuerzo, teniendo en cuenta sus posibilidades y su relación con la salud*".

f) **Estándares de aprendizaje**. Los correspondientes al 6º criterio, son:

*6.1. Muestra una mejora global con respecto a su nivel de partida de las capacidades físicas orientadas a la salud.*
*6.2. Identifica su frecuencia cardiaca y respiratoria, en distintas intensidades de esfuerzo.*
*6.3. Adapta la intensidad de su esfuerzo al tiempo de duración de la actividad.*
*6.4. Identifica su nivel comparando los resultados obtenidos en pruebas de valoración de las capacidades físicas y coordinativas con los valores correspondientes a su edad.*

## 3.2. MODELOS DE ADECUACIÓN DEL ENTRENAMIENTO EN LA ACTIVIDAD FÍSICA EN LOS CICLOS DE EDUCACIÓN PRIMARIA.

En la literatura especializada existen una serie de modelos de varios autores. La mayoría de ellos son muy similares y sus variaciones son meramente semánticas. Mencionamos a Pintor (1989), Sánchez-Bañuelos (1992) y Morente (2005).

- **Pintor**. (1989). Para las edades de Primaria establece dos Etapas:

    o Etapa previa de "formación motriz básica" (hasta 9-10 años). Se realizan tareas variadas de Educación Física Básica y juegos múltiples.

    o Primera etapa de la "iniciación: formación multideportiva básica", (de 9 a 12 años). Se practica con juegos muy diversos y múltiples prácticas deportivas.

    o Posteriormente continúan nuevos tramos que se corresponden con Secundaria.

- **Sánchez Bañuelos** (1992). Se basa en el establecimiento de "**Fases**" y subfases o "**Niveles**".

En estas tablas presentamos, en forma de esquema, una síntesis sobre las características (modificado por Cañizares y Carbonero, 2007).

FASE I (4 a 6 años) 2º Ciclo de la Etapa Infantil y 1º Ciclo de Primaria

| Desarrollo de la habilidad motriz | Desarrollo de la condición física |
|---|---|
| NIVEL 1. 4 años<br>• Exigencia principal sobre los aspectos perceptivos.<br>• Ejecución sencilla y accesible.<br>• Problemas de decisión muy fáciles.<br><br>NIVEL 2. 5 años<br>• Exigencia principal sobre los aspectos perceptivos.<br>• Ejecución de poca dificultad.<br>• Problemas de decisión muy sencillos de tipo binario.<br><br>NIVEL 3. 6 años<br>• Transición a la siguiente fase, conexión gradual de los elementos de ambas. | Sin tratamiento específico.<br><br>Énfasis en los aspectos cualitativos de la ejecución del movimiento. |

FASE II (1º y 2º Ciclo de Enseñanza Primaria)

| Desarrollo de la habilidad motriz | Desarrollo de la condición física |
|---|---|
| NIVEL 1. 6-7 años<br>• Atención a los aspectos perceptivos compartida con otros aspectos.<br>• Ejecución de dificultad baja-media.<br>• Problemas de decisión sencillos.<br><br>NIVEL 2. 7 años<br>• Exigencia principal sobre los aspectos perceptivos con otros aspectos.<br>• Ejecución de dificultad baja-media.<br>• Problemas de decisión sobre alternativas fáciles.<br>NIVEL 3. 8 años<br>• Mayor exigencia en la integración percepción-ejecución.<br>• Ejecución de dificultad media.<br>• Problemas de decisión de dificultad media-baja.<br><br>NIVEL 4. 9 años<br>• Transición a la siguiente fase, interconexión gradual de los elementos de ambas. | Sin tratamiento específico.<br><br>Desarrollo de los aspectos cuantitativos de la ejecución a través de una adecuada dosificación del esfuerzo en las tareas propuestas. |

FASE III (3º Ciclo E. Primaria y 1º Ciclo E.S.O.)

| Desarrollo de la habilidad motriz | Desarrollo de la condición física |
|---|---|
| NIVEL 1. 10 años<br>• Comprensión global de la actividad específica a realizar.<br>• Familiarización perceptiva.<br>• Aprendizaje de modelos técnicos básicos.<br><br>NIVEL 2. 11 años<br>• Fundamentos técnicos de las habilidades específicas.<br>• Situaciones básicas de aplicación de estos fundamentos.<br><br>NIVEL 3. 12-13 años<br>• Mejora de los fundamentos técnicos.<br>• Integración de los elementos de ejecución en el esquema global de la actividad. | Trabajo específico de la condición física en sus aspectos básicos generales. |

- **Morente** (2005). Cita a Hahn (1988) y apunta un "*modelo genérico del desarrollo del rendimiento deportivo en relación al orden cronológico de los objetivos de entrenamiento*".

    o 1º Objetivo: **Formación psicomotriz variada** (hasta 9 años). Basado en juegos para el aprendizaje motor y en formas rudimentarias de las técnicas básicas del deporte.

    o 2º Objetivo: **Inicio de la especialización en el deporte** (de 9 a 13 años). Se aprenden las técnicas del deporte, se practican las habilidades de deportes parecidos y se inicia la competición.

    o 3º Objetivo: **Profundización en el entrenamiento específico** (a partir de los 14 años). Se estabilizan las técnicas del deporte, se mejora la condición física con incremento de las cargas y se lleva a cabo una actividad competitiva regular. Al final de la etapa, 19 años, empieza la edad de máximo rendimiento deportivo.

- **Morente** (2005), refiriéndose al modelo de Delgado (1994), establece:

    o Fase de **Fundamentos**. Hasta los 10 años, a base de formación psicomotriz.

    o Fase de **Iniciación Deportiva**. De 10 a 13 años. El escolar se inicia en varios deportes a la vez.

    o Fase de **Especialización Deportiva**. De 13 a 16 años. Se profundiza en los elementos técnicos, tácticos y físicos de un deporte, dando importancia a la competición.

    o Fase de **Máximo Rendimiento**. A partir de los 16 años. Se progresa en todos los aspectos de la fase anterior.

## CONCLUSIONES

Los desarrollos de la habilidad motriz y la capacidad física siempre deben ir unidos durante la Etapa Primaria, toda vez que debe primar lo motor o cualitativo, sobre lo físico o cuantitativo. Por lo tanto, el modelo educativo debe prevalecer sobre el modelo deportivo o de rendimiento. En todo caso, al final de la Etapa podría plantearse una introducción a la condición física como paso previo a Secundaria. El desarrollo de la habilidad motriz lleva parejo una mejora de la condición física como factor de ejecución. La "carrera motriz" del alumnado tiene que respetar una serie de etapas que reciben distintos apelativos según el autor que sigamos, pero que en el fondo vienen a decir lo mismo. Por otro lado, los principios del entrenamiento que más nos interesarían son los dedicados a la niñez, pero eso quedaría para escuelas deportivas específicas, no para el desarrollo curricular normal del Área de Educación Física.

## BIBLIOGRAFÍA

- ALVAREZ DEL VILLAR, C. (1983). *La preparación física del futbolista basada en el atletismo.* Gymnos. Madrid.
- ANSELMI, H. (2015). Preparación física: teoría y práctica. Kinesis. Armenia (Colombia).
- AVELLA, R.; MALDONADO, C.; RAM, S. (2015). *Entrenamiento deportivo con niños.* Kinesis. Armenia (Colombia).
- ARRÁEZ, J. M.; LÓPEZ, J. M.; ORTIZ, Mª M. y TORRES, J. (1995). *Aspectos básicos de la Educación Física en Primaria. Manual para el Maestro.* Wanceulen. Sevilla.
- ARUFE, V.; MARTÍNEZ, Mª J.; y GARCÍA, J. L. (2009). *Entrenamiento en niños y jóvenes deportistas.* Wanceulen. Sevilla.
- BATALLA, A. (2000). *Habilidades Motrices.* INDE. Barcelona.
- BERNAL, J. A. (coord.) (2008). *El calentamiento y la adaptación del organismo al esfuerzo.* Wanceulen. Sevilla.
- CAÑIZARES, J. Mª. (1998). *200 Juegos y ejercicios por tríos.* Wanceulen. Sevilla.
- CAÑIZARES, J. Mª. (2004). *Entrenamiento Deportivo.* En VV. AA. "Técnico deportivo de Fútbol. Bloque Común. Nivel 1". C.E.D.I.F.A. Sevilla.
- CAÑIZARES, J. Mª y CARBONERO, C. (2007). *Temario de oposiciones de Educación Física para Primaria.* Wanceulen. Sevilla.
- CONDE, J. L. y VICIANA, V. (2001). *Fundamentos para el desarrollo de la motricidad en edades tempranas.* Aljibe. Málaga.
- CONTRERAS, O. (2004). *Didáctica de La Educación Física. Un enfoque constructivista.* INDE. Barcelona.
- DELGADO, M. (1994). *El entrenamiento de las cualidades físicas en los diseños curriculares de Educación Física en Educación Primaria.* Actas del I Congreso Nacional de Educación Física de Facultades de CC. de la Educación y XII de E. U. de Magisterio. Wanceulen. Sevilla.
- DELGADO, M. y TERCEDOR, P. (2002). *Estrategias de intervención en educación para la salud desde la Educación Física.* INDE. Barcelona.
- DÍAZ, J. (1999). *La enseñanza y aprendizaje de las habilidades y destrezas básicas.* INDE. Barcelona.
- FERNÁNDEZ GARCÍA, E. -coord.-. (2002). *Didáctica de la Educación Física en la Etapa Primaria.* Síntesis. Madrid.
- FORTEZA, A. y RAMÍREZ, E. (2005). "Teoría, metodología y planificación del entrenamiento deportivo". Wanceulen. Sevilla.
- GARCÍA, J. M.; NAVARRO, M. y RUIZ, J. A. (1996). *Bases teóricas del entrenamiento deportivo.* Gymnos. Madrid.
- GIL MADRONA, P. (2003). *Diseño y desarrollo curricular en educación física y educación infantil.* Wanceulen. Sevilla.
- GÓMEZ MORA, J. (2008). *Bases del Acondicionamiento Físico.* Wanceulen. Sevilla.

- GONZÁLEZ RAVÉ, J. Mª Y NAVARRO, F. (2010). *Fundamentos del entrenamiento deportivo.* Wanceulen. Sevilla.
- GONZÁLEZ, J. Mª; PABLOS, C.; NAVARRO, F. (2014). *Entrenamiento Deportivo. Teoría y práctica.* Panamericana. Madrid.
- GROSSER, M. (1992). *Entrenamiento de la velocidad. Fundamentos, métodos y programas.* Martínez Roca. Barcelona.
- GUILLÉN, M. y BENITEZ, J. D. (2009). *Principios del entrenamiento deportivo.* En GUILLÉN, M. y ARIZA. L. *Las Ciencias de la Actividad Física y el Deporte como fundamento para la práctica deportiva.* U. de Córdoba.
- GUTIÉRREZ, M. (2004). *Aprendizaje y desarrollo motor.* Fondo Editorial San Pablo Andalucía (CEU). Sevilla.
- GUZMÁN, L. A. (2013). *Entrenamiento Deportivo: La Carga.* Kinesis. Armenia (Colombia).
- HAHN, E. (1988). *Entrenamiento con niños.* Martínez Roca. Barcelona.
- JUNTA DE ANDALUCÍA (2007). *Ley 17/2007, de 10 de diciembre, de Educación en Andalucía.* (L. E. A.) B.O.J.A. nº 252, de 26/12/2007.
- JUNTA DE ANDALUCÍA (2010). *Decreto 328/2010, por el que se aprueba el Reglamento Orgánico de las escuelas infantiles de segundo grado, de los colegios de educación infantil y primaria, de los colegios de educación primaria, y de los centros públicos específicos de educación especial.* BOJA nº 139, de 16/07/2010.
- JUNTA DE ANDALUCÍA (2015). *Decreto 97/2015, de 3 de marzo, por el que se establece la ordenación y el currículo de la educación Primaria en la comunidad Autónoma de Andalucía.* BOJA nº 50 de 13/03/2015.
- JUNTA DE ANDALUCÍA (2015). *Orden de 17 de marzo de 2015, por la que se desarrolla el currículo correspondiente a la educación Primaria en Andalucía.* BOJA nº 60 de 27/03/2015.
- JUNTA DE ANDALUCÍA (2015). *Orden de 04 de noviembre de 2015, por la que se establece la ordenación de la evaluación del proceso de aprendizaje del alumnado de educación primaria en la Comunidad Autónoma de Andalucía.* B.O.J.A. nº 230, de 26/11/2015.
- LEGAZ, A. (2012). *Manual de entrenamiento deportivo.* Paidotribo. Barcelona.
- LEÓN, J. A. (2006). *Teoría y Práctica del Entrenamiento. Deportivo. Nivel 1 y 2.* Wanceulen. Sevilla.
- MARTÍN, D.; CARL, K. y LEHNERTZ, K. (2001). *Manual de metodología del entrenamiento deportivo.* Paidotribo. Barcelona.
- M. E. C. (2006). *Ley Orgánica de Educación (L.O.E.) 2/2006, de 3 de mayo, de Educación.* B. O. E. nº 106, de 04/05/2006, modificada en determinados artículos por la LOMCE/2013.
- M. E. C. (2013). *Ley Orgánica 8/2013, de 9 de diciembre, para la mejora de la calidad educativa.* (LOMCE). B. O. E. nº 295, de 10/12/2013.
- M. E. C. (2014). *Real Decreto 126/2014, de 28 de febrero, por el que se establece el currículo básico de la Educación Primaria.* B. O. E. nº 52, de 01/03/2014.
- M.E.C. (2015). *Orden ECD/65/2015, de 21 de enero, por la que se describen las relaciones entre las competencias, los contenidos y los criterios de evaluación de la educación primaria, la educación secundaria obligatoria y el bachillerato.* B.O.E. nº 25, de 29/01/2015.
- MORA, J. -Coord-. (1995). *Teoría del Entrenamiento y del Acondicionamiento Físico.* C.O.P.L.E.F.A. y Wanceulen.
- MORA, J. (2009). *Rendimiento deportivo en edad escolar.* En GUILLÉN, M. y ARIZA. L. *Las Ciencias de la Actividad Física y el Deporte como fundamento para la práctica deportiva.* U. de Córdoba.
- MORENTE, A. (2005). *Ejercicio físico en niños y jóvenes: programas de actividad física según niveles de condición biológica.* En GUILLÉN, M. -coord.-

*El ejercicio físico como alternativa terapéutica para la salud*. Wanceulen. Sevilla.
- NAVARRO, F. (2000). *Principios del Entrenamiento y Estructuras de la planificación deportiva*. Master de Alto Rendimiento Deportivo. Centro Olímpico de Estudios Superiores. U. Autónoma de Madrid.
- OÑA, A. (2005). *Actividad física y desarrollo: ejercicio físico desde el nacimiento*. Wanceulen. Sevilla.
- PACHECO, Mª J. (2003). *Los contenidos referidos a la condición física y su orientación en la Educación Primaria*. En SÁNCHEZ BAÑUELOS, F. y FERNÁNDEZ, E. -coords.-. (2003). *Didáctica de la Educación Física*. Prentice Hall. Madrid.
- PÉREZ TURPIN, J. A. (2012) *Bases del análisis del rendimiento deportivo*. Wanceulen. Sevilla.
- PINTOR, D. (1989). *Objetivos y contenidos de la formación deportiva*. En VV. AA. *Entrenamiento Deportivo en edad escolar*. Unisport. Málaga.
- PIÑEIRO, R. (2006a). *La fuerza y el sistema muscular*. Wanceulen. Sevilla.
- PIÑEIRO, R. (2006b). *La resistencia y el sistema cardiorrespiratorio*. Wanceulen. Sevilla.
- PIÑEIRO, R. (2007). *La velocidad y el sistema nervioso*. Wanceulen. Sevilla.
- REINA, L. y MARTÍNEZ, V. (2003) *Manual de teoría y práctica de acondicionamiento físico*. CV Ciencias del Deporte. Madrid.
- ROSILLO, S. (2010). *Cualidades físicas. Plan educativo de hábitos de vida saludable en la educación*. Procompal. Almería.
- RUIZ PÉREZ, L. M. (2000). *Deporte y aprendizaje. Procesos de adquisición y desarrollo de habilidades*. Visor. Madrid.
- SÁNCHEZ BAÑUELOS, F. (1992). *Bases para una Didáctica de la Educación Física y el Deporte*. Gymnos. Madrid.
- SÁNCHEZ BAÑUELOS, F. y FERNÁNDEZ, E. -coords.-. (2003). *Didáctica de la Educación Física*. Prentice Hall. Madrid.
- SERRA, E. (1987). *Habilidades desde la base al alto rendimiento*. Actas del *Congreso de Educación Física y Deporte de Base*. F.C.C.A.F.D. Granada.
- SERRA, E. (1994). *Documento del "Curso sobre Habilidad y Destreza"*. Apuntes del curso. CEP. de Sevilla.
- TORRES, M. A. (2005). *Enciclopedia de la Educación Física y el Deporte*. Ediciones del Serbal. Barcelona.
- TRIGUEROS, C. y RIVERA, E. (1991). *La Educación Física de Base en la Enseñanza Primaria*. C. E. P. Granada.
- VALLEJO, C. L. (2002). *Desarrollo de la condición física y sus efectos sobre el rendimiento físico y la composición corporal de niños futbolistas*. Tesis Doctoral. Universidad Autónoma. Barcelona.
- WEINECK (1988). *Entrenamiento óptimo*. Hispano Europea. Barcelona.

**WEBGRAFÍA** (Consulta en octubre de 2015).

http://recursos.cnice.mec.es/edfisica/
http://www.ite.educacion.es/es/recursos
http://www.adideandalucia.es
http://www.guiaderecursos.com/webseducativas.php
www.juntadeandalucia.es/educacion/descargasrecursos/curriculo-primaria/index.html
http://recursostic.educacion.es/primaria/ludos/web/index.html

www.ingramcontent.com/pod-product-compliance
Lightning Source LLC
Chambersburg PA
CBHW080256170426
43192CB00014BA/2700